내 맘 같지 않은

내 맘 같지 않은

영어로 들여다본 소통의 맨얼굴

전해자 지음

책공방 초록비

사람들은 서로 잘 지내보려 하지만 그게 잘 안됩니다.
서로 두려워 하기 때문이지요.

People fail to get along each other
because they fear each other;

사람들은 서로 두려워 합니다.
서로 잘 모르기 때문이지요.

they fear each other
because they don't know each other;

사람들은 서로 잘 모릅니다.
서로 제대로 소통하지 못하기 때문이지요.

they don't know each other
because they can not communicate;

사람들은 제대로 소통하지 못합니다.
그들 사이를 갈라놓는 벽이 있기 때문이지요..

they can not communicate
because they are separated.

- 마틴 루터 킹 1958 -

소통을 위해 맨 먼저 챙겨야 할 것은, 관점의 지도!

\#

존재하다. 영어로는 exist. 그 말의 뿌리를 파내려가면 인상적인 의미 방정식이 드러난다. [ex=out] + [ist=stand] = outstand.[1] '눈에 띌 수 있도록' 분명하게 자신을 드러내고 표현하는 존재 방식을 이상적으로 여기는 사람들의 언어다. 그런 말을 쓰는 사람들이 모여 사는 곳에 '가만있으면 중간이라도 간다'는 말을 듣고 자란 두 여자가 살고 있다. 어느새 각각 20여 년, 15년 째.

뉴욕, 런던, 그리고 서울에 사는 세 여자는 가끔 스카이프Skype에서 함께 만난다. 모두 한국인이고 다들 커뮤니케이션 분야에서 20여 년 넘게 일하고 있다는 공통점을 갖고 있다. 그러다 보니 만날 때마다 할 얘기도 많고 들을 얘기도 많다. 단골 화제는 역시 커뮤니케이션. 그중에서도 영어 불통의 에피소드들이 넘쳐난다.

에피소드 1.

서울 : 거기 사람들한테는 shy라는 말이 그렇게 듣기 불편한 말이야?
　　　 친구가 아들 기숙사에 갔다가 미국인 룸메이트가 워낙 말이 없길래
　　　 그 엄마에게 당신 아들은 'shy한 구석이 있는 것 같다'고 했다가 싸움
　　　 날 뻔했다는 거야.

런던 : 그럴 수도 있지. 얘네들은 모토가 'Be assertive!'
　　　 할 말 있으면 다 하라는 거잖아. 단도직입적으로 분명하고 확실하게-
　　　 shy는… 뭐랄까. 그러질 못하고 뭔가 피하고 숨기는 거?

뉴욕 : 말의 감정지도가 있다면 shy 반대편에 assertive. 거기서 조금 더 가면
　　　 aggressive쯤 될 걸. 근데 우리는 aggressive하다는 말을
　　　 무조건 부정적으로만 해석하는 경향이 있지 않나?
　　　 이 친구들은 '아주 적극적이다'라는 칭찬으로도 이 말을 쓰거든.
　　　 어디서 들은 이야기인데, 한국 엄마가 아들의 축구시합에 갔다가
　　　 옆에 있던 미국 엄마한테 그 말을 들은 거지. 당신 아들 aggressive
　　　 하다고. 그것도 웃으면서! 분노의 삿대질이 나오려던 순간 다행히 눈치
　　　 를 챘다나봐. '아, 칭찬인가 보다. 그런데 이 찝찝한 기분은 뭐지?'하고.

서울 : ㅋㅋㅋ 눈치 내공! 그나저나, 그 미국엄마, 하마터면 칭찬하고 뺨맞을
　　　 뻔했네.

에피소드 2.

런던 : 여기 영국친구가 기획안을 가져왔기에

Thank you. Good job. But I think it can wait.

일단 두고 보자고 했지.

그러면 그게 무슨 말이겠어? 아니라는 거잖아?

정말 됐다가 다시 보여줄려고 하는 거 있지. 헐~

서울 : Good job이라며?

런던, 뉴욕 : 아, 여기서 그건 그냥 수고했다는 말이야.

서울 : 그럼 눈치가 없는 거네, 그 친구.

뉴욕 : 얘네들은 눈치보다는 말을 더 믿는 거 같아.

그러니까 뭐든 분명하게 말하지 않으면…

런던 : 불통의 시작이지! 알면서도 우린 그게 왜 그렇게 잘 안 되는 걸까?

\#

정말, 그게 왜 그렇게 잘 안 되는 걸까? 단도직입적으로 분명하고 확실하게 Yes, No. 그게 뭐 그리 어렵다고. 현지인 뺨치는 그 친구들 영어실력이면 할 줄 몰라서 그러는 건 분명 아닐 텐데. 아무렴! 그렇다면 도대체 왜? 그런 식 으로 말하는 게 익숙하지 않거나 내키지 않기 때문일 가능성이 높다. 단도직 입적으로 분명하고 확실하게! 영어를 모국어로 하는 사람들은 대체로 그런 식의 표현 방식을 이상형으로 여기고 기대하는 듯하다.

반면 우리는 어떤가? 되도록 에둘러서 어딘가 모순된 듯 모호하게! 그것이 우리에게 익숙한 사용방식이다. 가령 이런 노래가사. ♪내꺼인 듯 내꺼 아닌

내꺼 같은 너♬ 니꺼인 듯 니꺼 아닌 니꺼 같은 나♪ 혹은 ♪아~아~ 웃고 있어도 눈물이 난다, 그대 나의 사랑아~♬ 캬하~ 들을수록 절묘하게 느껴진다. 하지만 일상에서 이런 식으로 말하는 걸 영어권 사람들은 어지간해서는 못 참는 눈치다. 뭥미~? 단도직입적으로 분명하고 확실하게 표현하는 데 익숙한 그들에게 에둘러서 어딘가 모순된 듯 모호하게 표현하는 말은 한 마디로 풀기 어려운 암호처럼 들릴 수도 있다. 이런 차이는 감정 표현에서 더욱 두드러지게 나타난다. 소통에서 결정적인 역할과 막강한 영향력을 지닌 감정. 하지만 감정이라고 예외가 아니어서 우리는 이 지점에서도 말을 아끼거나 돌리는 경향이 있다. 아니 감정이기 때문에 더더욱 과묵하고 모호해진다. 상대적으로 분명하고 선명하고 적극적인 영어권의 입장에서 보면 '감정표현 불능증alexithymia'이 아닌가 의심할 정도로!² 이런 차이는 어디에서 오는 걸까?

\#

관점이 다르기 때문이다. 그리고 모든 언어는 그 밑에 관점을 깔고 있기 때문이다. 사물이나 현상을 관찰할 때 그 사람이 보고 생각하는 태도나 방향 또는 처지.³ 그것이 관점이다. 언어의 사용하는 방식을 규정하는 틀이기도 하다. 일단 한번 굳어지면 바꾸는 게 쉽지 않다. 좀처럼 변하지 않는다. 마치 오래된 습관처럼. 런던과 뉴욕의 두 친구가 알면서도 잘 안 된다고 했던 것도 어쩌면 이 오래된 마음의 습관, 즉 익숙한 관점 때문 아니었을까. 한 마디로 쓰는 언어는 영어인데 적용 관점은 우리식이었던 거다. 앞서 본 것처럼 영어의 관점은 우리의 관점과 다른 구석이 많다. 물론 다 같은 사람이다 보니 닮은 구석도 많지만 말이다. 관점의 차이, 어디가 얼마나 어떻게? 잠깐 이 책

차례를 따라 눈길 답사를 다녀오시면 어떨지. 영어와 우리말의 골목길 구석 구석에 숨어있는 다른 관점 그리고 닮은 관점을 엿볼 수 있을 것이다.

\#

관점이 다르다는 것은 같은 말을 하면서도 다르게 듣는다는 것이다. 관점이 다르다는 것은 같은 언행을 두고도 다르게 본다는 것이다. 관점이 다르다는 것은 같은 맥락에 대해서 다르게 해석한다는 것이다. 평가도 다르고 기대도 다르다는 말이다. 언어가 전달해야 하는 부분, 언어로 전달하고 싶은 부분이 다르다는 것이다.[4] 다른 가치와 다른 규범이 다른 관점을 만들기 때문이다. 이름 하여 '언어 빙산language iceberg'. 언어 그 밑에 관점이 있고 관점 그 밑에 가치와 규범이 있다. 예를 들어보자.

"구르는 돌에는 이끼가 끼지 않는다."
(A rolling stone gathers no moss.)

참고로 이 속담은 외래종이다. 영어의 "A rolling stone gathers no moss." 라는 속담을 그대로 우리말로 옮긴 것. 표준국어대사전에는 '부지런하고 꾸준히 노력하는 사람은 침체되지 않고 계속 발전한다는 말'로 풀이되어 있다. 다분히 유목민의 관점이다. 구르는 돌을 이상적으로 보는 가치관이 엿보이기 때문이다. 하지만 이 속담을 농경민의 관점으로 들어보면 그 의미가 180도 달라진다. 한 자리에 진득하게 머물지 못하는 주거부정의 존재를 부정적으로 보는 가치관은 '구르는 돌'을 불안하고 믿을 수 없는 대상으로 보게 만든다. 이러한 관점은 '굴러들어온 돌이 박힌 돌 빼내는' 꼴을 좌시하지 않게 만들기도 한다. 농경민의 관점으로 위의 속담을 듣게 되면, '이끼'는 '침체'가 아니라 '성과' 혹은 '신뢰'의 은유가 된다. 그런가 하면 "free or rich… which?" 자유와 부유 중 어느 쪽을 선택할 것인가를 묻는 가치중립적인 해석도 가능하다. 이처럼 언어의 의미, 언어의 사용 방식에 지대한 영향을 미치는 게 바로 관점이다.

내친 김에 돌 이야기 하나 더? '둥근 돌'을 선호하는 집단주의 관점과 '모난 돌'을 선호하는 개인주의 관점도 한번 들여다보고 가자.

"모난 돌이 정 맞는다."
(A tall tree catches much wind.)

이 속담에 힘을 실어주는 사람들은 집단의 조화를 중요한 가치로 보는 사람들이다. 대개의 우리처럼. 이곳에서 이상적인 존재방식이란 둥글둥글 드러내지 않고 사는 것이다. 하지만 영어의 관점에서 보면 그것은 몰개성, 즉 개인의 죽음이다. 그들에겐 exist = outstand 자신을 드러내는 것이 곧 존재하는 것이기 때문이다. 정을 맞을지라도 기꺼이 모난 돌이 되고자 하는 이유다. 온 바람을 맞더라도 가장 키 큰 나무로 우뚝 서고 싶어 하는 이유다. 눈에 보이고 눈으로 보는 것이 중요한 사람들. 그들이 왜 단도직입적이고 분명하고 선명한 표현을 선호하는지, 그 속에 깔려있는 관점과 그 안에 담겨있는 가치를 들여다보면 어느 새 고개가 절로 끄떡여진다.

#

그러니 언어를 안다는 것은 그저 단어-문법-발음의 문제가 아니다. '언어-관점-가치/규범'의 세트 플레이를 잘 알아야 잘할 수 있다. 영어를 잘한다는 것 역시 마찬가지다. 스펙의 관점이 아니라 소통의 관점에서 본다면 말이다. 〈한국인이 영어를 잘하지 못하는 진짜 이유〉[5]를 '실전 연습부족'으로 진단한 영어전문가들은 과연 어떤 관점에서 이런 결론을 얻었을까? 아마도 소통보다는 능력의 관점 아니었을지. 능력의 관점이 이상적으로 여기는 것은 '유창한 영어'다. 하지만 소통의 관점에서 보면 덜 유창하더라도 '유쾌한 영어'가 때로는 훨씬 효과적일 때가 있다. '잘 듣는 영어'가 '잘 말하는 영어'보다 더 통할 때가 있다. 소통의 시작은 '알리고 싶다'는 마음이 아니라 '알고 싶다'는 마음에서 출발하는 거니까. 지식보다는 관점이, 실력보다는 태도가 더 중요한 이유는 사람과 사람 사이이기 때문이다. 영어라고 예외일까.

#

이미 눈치 챘겠지만, 이 책의 관심은 '소통용 영어'다. 우리와 다른 영어의 관점에 대해 질문하는 책이다. 그 질문에 대한 개인적인 생각도 덧붙였다. 그러니 스펙용 영어를 위한 비결 같은 건 여기에 없다. 사실 그런 걸 챙길 능력도 의지도 없다. 영어와의 인연도 책을 쓸 만큼 깊지 않다. 그에 대한 체계적인 지식은 더더욱 말할 것도 없고. 그저 사람에 대한 관심이 영어에 대한 관심으로 이어졌을 뿐이다. 오래전 일본에서 본 어느 영어학원의 카피 "영어로 말할 수 있다는 것은 10억 명의 사람들과 대화할 수 있다는 것입니다."라는 문구에 설렌 것도 그 때문이다. 전 세계에서 가장 많은 시간과 돈과 노력을 영어에 기울인다는 우리 한국인. 하지만 10억 명과의 대화는 영 '내 맘 같지 않게' 흘러가는 눈치다. 그 이유가 어쩌면 대화의 '언어'에만 매달렸지 그 밑의 '관점'을 보지 않거나 인정하지 않아서 그런 건 아닐는지? 걸림 없이 트이고疎 별 탈 없이 통하는通 대화는 관점의 차이를 배려하는 것에서 출발한다고 나는 생각한다. 30년 가까이 '관점'의 관점에서 커뮤니케이션을 다루는 일을 해오다가 뜬금없이 이 책을 쓴 이유다. 서론이 길었다. 자, 이제 영어와 우리말의 골목골목을 누비는 여행을 떠나 보자. 무엇보다 관점의 지도부터 마음에 살뜰히 챙기시고!

P.S.
혹시라도 이 책에서 다루는 관점이 마치 그 문화 그 사회의 유일무이한 것처럼 전해지는 구석이 있다면 미리 바로 잡는다. 그럴 리가 있겠는가. 오히려 강조하고 싶은 것은, 다양한 관점이 존재한다는 점!
다만 그 주된 관점, 무시할 수 없는 관점 가운데 우리와 생각과 다를 수도 있는 사례들에 주목했다.

차례

Part 1

본질로 정의되는 언어
vs.
형상으로 정의되는 언어

세 번째 손가락의 정체

What if?

오래된 팝송 제목이기도 하고
연극 제목이기도 한 〈THIRD FINGER, LEFT HAND〉.
정확히 왼손 어느 손가락이 세 번째 손가락일까?

놀랍게도 답은 네 번째 손가락, '약지(무명지)'다! 결혼과 사랑에 관한 이 연극의 제목을 우리말로 하면 '왼손 무명지'다. 가운데 손가락과 새끼손가락 사이에 있는 그 손가락? 맞다. 결혼반지 끼는 그 손가락이다. 손가락 가운데 유일하게 심장으로 직통 운행하는 그래서 '사랑의 정맥vena amoris(vein of love)'이라고 불리는 그 혈관이 흐른다고 많은 사람들이 오랫동안 믿어온 그 손가락이다. 덕분에 ring finger라고 불리는 영예를 안게 되었다는 왼쪽 '네 번째' 손가락. 그런데 영미인들 가운데는 그 손가락을 왼손 '세 번째' 손가락이라고 부르는 이들도 있다는 것이다. 앞서의 연극 제목처럼. 아니 왜?

무슨 이런 셈법이 다 있나 싶어 그들에게 물어봤다. 왼손을 쫙 펼치더니 한 손가락 한 손가락 가리키며 이름을 댄다. "Thumb. Index finger. Middle finger. Ring finger, Little finger. So we have 1 thumb and 4 fingers!" 그러니 ring finger는 finger 중의 세 번째 아니냐고 되묻는다. 허어 거참. 그렇게 볼 수도 있구나. 우리야 어디 그런가. 크든 작든 길든 짧든 엄지든 검지든 그 이름과 길이, 크기에 상관없이 검지든 우리 눈에는 모두 '본질적으로' 손에 달린 가락들인 것을! 다른 관점과 만난다는 것은 이렇게 낯설고 황당한 경험일 때가 많다.

P.S.
결혼반지를 손가락이 아닌 발가락에? 남인도 지방의 전통 결혼식 이야기다. 그곳에서는 신랑이 신부의 양발 두 번째 발가락에 bichiya라고 불리는 반지를 끼워준단다. 신부의 양발 두 번째 발가락에 쏘옥~.

세상에서 제일 무서운 화장품

한국에 놀러온 케이트. 남대문 시장 구경을 끝내고 명동에서 본격적인 쇼핑
에 나섰다. 그곳에서 그녀가 발견한 '세상에서 가장 무서운 화장품'이 있었으
니. 그것도 한국 최고의 화장품 회사가 만든 제품에 Eye Remover라고 적혀
있었던 것이다. eye를 remove한다고? Oh, No~~~~~!

줄여도 너무 줄였다! eye makeup remover, 즉 눈 화장을 지운다는 것이 그만 eye remover라니. 눈을 없애는 것이 되었으니 이쯤 되면 세상에서 제일 무서운 화장품 등극은 따 놓은 당상. lip makeup remover, nail polish remover도 마찬가지다. 아, 또 있다. 이곳 여성들이 아침저녁으로 바르는 '스킨'! skin lotion에서 lotion을 뚝 떼어내고 skin만?

그런데 이렇게 엽기적인 생략 영어가 있는가 하면, 정반대 의미가 되어버려 억울한 생략 영어도 있다. 예를 들면 '스텐' 그릇. 그 익숙한 이름 속에는 녹, 얼룩 때stain 걱정 없게-less 만든 신소재의 영광은 오간 데 없다. 어디 그뿐인가! 영어는 단수냐 복수냐에 따라, 관사냐 전치사냐에 따라 그 의미가 확 달라지는데, 태평양 건너 인도양 건너 이곳으로 오면서 중요한 몸통(?)만 남은 표현들이 의외로 많다. 예를 들어 〈돈 세이 워드〉라는 영화 제목. 원제 〈Don's say a Word〉에서 a를 빼먹는 바람에 '단 한 마디도 말하지 마'라는 뜻이 'Word라고 말하지 마'가 되어 버렸다.

왜 이런 현상이 계속되는 걸까? 어차피 외국어이고 그렇게 말해도 우리끼리는 다 알아들으니까 그런 걸까? 아니면 급한 마음에 짧게 줄여서 말하는 걸까? 그도 아니면 궁극의 유머감각?

mind는 어디 있지?

'마음'이나 '생각'으로 옮겨지곤 하는 mind라는 단어.

그 mind는 우리 몸 어디에 있을까?

(a) 머릿속   (b) 가슴 속

영미권 사람들은 이 질문에 ⓐ 머릿속을 가리키는 이들이 많다. 우리는 대체로 ⓑ 가슴을 가리킨다. 이런 차이는 어디서 오는 걸까? 글쎄….

우리 말 '마음'이 뜻하는 것은 무엇인가. 때로는 '기분feeling'이고 때로는 '생각thought'을 가리킨다. 그런데 명사로서의 영어 mind는 그보다 훨씬 다양한 의미로 쓰인다. 마음, 생각, 신경, 관심, 사고방식, 지성…

그런데 한 가지 유의할 점이 있다. mind라는 단어는 우리의 '마음'과 달리 심장이 아닌 두뇌에 더 가깝다는 점이다. 한 마디로 지적 능력과 관련된 단어란 말씀. 그러니 "흥! 내 마음이야."는 "Huh, it is my mind!"가 아니다. 간혹 그들의 mind를 우리의 '마음'과 같다고 생각하면서 쓰다가는 생각지도 않은 낭패를 겪을 수 있다. 특히 한국인이 입버릇pet phrases처럼 하는 말 가운데 하나인 "당신은 내 마음 몰라."를 영어로 옮길 때는 각별히 주의할 것! "You can't understand my mind."라고 했다가는 "당신은 머리가 나빠서 내 생각을 이해하지 못할 거야."로 들릴 가능성이 높기 때문이다. 실제로 그 일로 미국인 남편과 이혼할 뻔했다는 후배의 뼈아픈 조언이다. 지적 이해력이 부족하다는데, 누군들 이런 말 듣고 마음속이 평안하겠는가? 능력에 관한 한 어디든 누구든 민감하기 마련이다. 인정받고 싶은 건 모든 인간의 본능. 게다가 사랑하는 사람에게 그런 소릴 듣는다면?

contact and lens

What if?

안경 대신 눈에 딱 붙여 쓰는 '콘택트 렌즈contact lens'를 줄여 말하면?

(a) contacts   (b) lens

특별히 camera라는 말을 붙이지 않는 한 우리의 일상에서 lens는 대개 contact lens, 즉 눈에 끼는 렌즈를 의미한다.

반면 영미권 사람들은? 그들은 lens라고 하면 십중팔구 camera lens인 줄 안다. 눈에 끼는 렌즈를 가리킬 때는 contact lens라고 하거나 줄여서 contact. 두 짝이니까 contacts라고 한다. 왜? 모르겠다. 하지만 추측컨대 contact가 그 특성을 더 잘 나타낸다고 생각했기 때문 아닐까? 그들의 관점에서는 세상에 많고 많은 lens 가운데 눈에 딱 붙여 쓰는 렌즈이니 그 특성을 더 잘 나타내는 contacts로 줄여 부르는 게 마땅하다고 여겼으리라. 물론 contacts라는 단어가 맥락에 따라 다른 의미가 되는 경우도 많다.

그럼 우리는 왜 '콘텍트 렌즈contact lens'를 '렌즈lens'라고 줄여 부르는 게 더 익숙한 걸까? 추측컨대 굳이 둘 중에 하나로 줄여야 한다면, 눈에 '붙여 쓴다'라는 드러나는 특성보다 '또 다른 눈 = 안경'이라는 좀 더 본질적인 것에 주목하는 무의식적 성향 때문이 아닐는지. 암튼 똑같은 contact lenses를 줄여 말하는 데도 입장 따라 관점 따라 선택은 그렇게 달라진다.

wear(take out) contact lenses. 콘텍트 렌즈를 끼다(빼다).
the front & back of contacts 콘텍트 렌즈의 안쪽 바깥쪽
   cf. heads or tails? (동전 던지기에서) 앞면? 뒷면?

세상에서 가장 게으른 사람들?

세상 어디에도 없다는 한국의 '심부름 서비스'.

그 이용객들은 어떤 사람들일까?

(a) the busiest people 엄청 바쁜 사람들

(b) the laziest people 엄청 게으른 사람들

여러분의 대답은? 이것이야말로 관점에 따라 대답이 갈릴 질문이다.
CNN travel에 소개된 〈50 reasons why Seoul is the world's greatest
city(서울이 세상에서 가장 멋진 도시인 이유 50가지)〉라는 기사에서 우리의 심부름
서비스는 "World's smartest, and cheapest, personal assistants.(세상에서
가장 잽싸고 값싼 개인 조수들)"라는 평가와 함께 50가지 매력 포인트 가운데 당
당 3위에 그 이름을 올렸다.[1]

그런데 이런 심부름 서비스를 전혀 상반되는 시선으로 보는 이들도 있다.
'도대체 얼마나 게으른 사람들이면 이런 서비스를 이용할까?'라는 것이다.
〈The Daily Beast〉라는 뉴스 웹사이트에서 주최하는 the Couch Potato
Olympics이라는 재미있는 사이버 올림픽이 있다. Couch Potato라는 말에
서 이미 눈치 챘을지도 모르지만 세상에서 누가 누가 더 게으른지 겨뤄보자
는 거다. 거기서 한국은 아시아에서 가장 게으른 나라로 선정되었다. 어디서
든, 언제든, 뭐든 가만히 앉아서 다 심부름시켜 먹는다고 생각한 모양이다.
뭐 그렇게 생각할 수도 있고 또 실제로 그런 고객들도 있겠지만 그러기엔 우
리, 부지런해도 너무 부지런하지 않은가?

이름하여 이곳은 '빨리빨리' 공화국! '필요는 발명의 어머니Necessity is the
mother of invention'라는 말처럼 궁극의 부지런함이 만들어낸 게 퀵서비스 심
부름 서비스가 아닐는지. 프랑스에 퀵배송이 있다면 한국엔 퀵배송이 있다
는 말이 있지 않은가. 올림픽 슬로건이 "더 높이! 더 멀리! 더 빨리!"라면 다
이나믹 코리아의 슬로건은 "더 빨리! 더 빨리! 더 빨리!"다. '온돌', '김치'와

함께 옥스퍼드 영어사전에 오를 정도로 우리를 지칭하는 단어가 된 '빨리빨리'. 덕분에 세상에서 가장 빠른 인터넷을 쓰게 되었지만 스멀스멀 조급증이 늘어난 것도 사실. 세상에서 가장 긴 3분은 컵라면에 물 붓고 기다리는 3분이라는 말에 100배 공감할 분들 얼마나 많은지. '빨리'로는 부족해서 언젠가부터 단어들 앞에 '급-'이 붙기 시작한 것도 그 때문일 것이다. 급질문, 급방긋, 급사과…. 이젠 LTE급의 級도 急으로 들린다. 이런!

E - SPOT

hurry hurry / faster faster / in no time! 빨리빨리! 하와이 말로는 wiki wiki
Don't rush me, please 제발 쪼지 좀 마!
chore service 심부름 서비스
quick delivery service 퀵 서비스

주한 외국인이 뽑은 한국인의 '빨리빨리' Top 10[2]

1. 자판기 커피 컵이 나오는 곳에 손을 넣고 기다린다.

2. 버스정류장에서 버스와 추격전을 벌인다.

3. 화장실에 들어가기 전에 지퍼를 내린다.

4. 삼겹살이 익기 전에 먹는다.

5. 승강기 문이 닫힐 때까지 '닫힘' 버튼을 누른다.

6. 3분 컵라면이 익기 전에 뚜껑 열어 먹는다.

7. 영화관에서 스크롤이 올라가기 전에 나간다.

8. 볼일 보는 동시에 양치질을 한다.

9. 3초 이상 열리지 않는 웹사이트는 닫아 버린다.

10. 편의점에서 음료수를 마신 후에 계산한다.

과연 '적당한 때'는 언제인 걸까

외국인 가정에 저녁 초대를 받았다. 8시에 보자는 말과 함께.
언제쯤 도착해야 '적당한' 걸까?

(a) 7:30 pm   (b) 8:00 pm   (c) 8:30 pm

Welcome... ^^;

이런 물음에 정답이 어디 있겠는가! 그야말로 집주인 사정에 따라 다르다. 하지만 들리는 소문에 의하면 문화마다 좀 다른가 보다. 그 집 주인이 평균적인 미국식 정서를 지녔다면 약속한 시간인 (a) 8:00 pm에 정확하게 '땡똥~!'하는 것이 좋다. 혹시 그 시간을 맞출 자신이 없다면? 약속보다 이른 시간보다는 조금 늦게 도착하는 게 예의란다. 왜냐고? 예상 시간에 맞춰 식사를 준비하고 있는데 초인종이 울린다고 생각해보라.

한편 초대한 가정이 프랑스 출신이라면? 〈뉴욕스케치〉에서 쟝쟈크 샹뻬Jean-Jacques Sempé는 아마 (c) 8:30 pm쯤 나타나도 너무 일찍 왔다고 눈치를 줄 거라고 적고 있다. 프랑스는 서양치고는 상대적으로 느긋한 시간 개념을 갖고 있기 때문이다. 중동 문화권에 델 게 아니지만 말이다. 중동에서는 초대한 시간보다 두세 시간 후에 도착하는 경우가 허다하다. 그 전에 나타났다가는 무례하다는 인상을 주기 십상이다.

한편 세계가 알아주는 '빨리빨리' 문화의 주인공이면서 '코리언 타임'의 장본인이기도 한 우리는 초대한 손님이 과연 언제쯤 도착하는 것이 가장 적당하다고 여길까?

P.S.

Q. 다이어트, 금연, 금주를 시작할 가장 적당한 때는?

A. "내일부터!"랍니다. Just kidding!

영어에는 쌍꺼풀이 없다

가히 '르네 쌍수'의 시대라 불릴 만큼 우리에게 '쌍(꺼풀)수(술)'는
일상어가 된 듯하다. 영어로는 무엇이라고 할까?

(a) double eyelid surgery   (b) eye job

흔히들 (a)로 알고 있는 듯하다. 하지만 엄밀히 말해 (a)는 오해의 소지가 있고 (b)는 너무 광범위하다.

우선 (a) double eyelid surgery부터 살펴보자. 동양인에겐 너무나 익숙한 이 수술. 서양인들에겐 어떨까? 물론 이 수술이 어떤 것인지 익히 들어 아는 이들도 있을 것이다. 하지만 동양 사정에 어두운 이들이라면, 이 표현을 두고 '대체 그게 가능하기나 한 일이냐'고 반문할 수 있다. 그도 그럴 것이 eyelid 는 눈꺼풀. 그걸 double로 만드는 수술? 서, 설마! 눈을 덮고 있는 꺼풀을 두 겹으로? 무슨 그런 상상을!

그렇다면 우리가 말하는 '쌍꺼풀'은 뭐라고 해야 할까? 엄밀히 말하자면 그런 영어 단어는 없다. 굳이 풀어 설명하자면 upper eyelid crease나 upper eyelid fold 정도? 그들은 태어날 때부터 기본 옵션으로 장착되어 있다 보니, 따로 이름을 붙일 이유가 없었던 것이다. 하지만 주름 없는 민꺼풀이 기본인 우리는 어떤가. 언젠가부터 서양의 미美 기준에 따라 큰 눈과 높은 코를 선

호하는 이들이 많아지면서 소위 '쌍수'는 남자들의 '고래잡이'처럼 여자들의 통과의례가 된 느낌이다.

그럼 (b) eye job은? 콕 짚어 우리가 말하는 쌍꺼풀 수술은 아니다. 시술이건 수술이건 눈과 관련한 작업들을 통칭해 부르는 표현이기 때문이다. 재미있는 사실은 eye job을 하는 목적이 동서양이 다르다는 것. 마치 코 성형nose job 이 동양인에게는 높이는 수술을, 아랍인들에게는 낮추는 수술을 의미하는 것처럼 말이다. 미국에 오래 산 친구들의 목격담에 따르면, 그 동네 사람들은 처진 눈이나 불룩해진 아래 눈두덩bags under eyes를 손보기 위해 eye job을 하는 경우가 많단다. 물론 우리는 압도적으로 외꺼풀에 주름을 잡기 위해서 한다!

E - SPOT

Beauty is in the eye of the beholder 제 눈에 안경
cosmetic surgery 미용을 위한 성형수술
boob job 가슴 성형수술
beauty belt 서울 강남 일대와 같이 성형외과들이 줄지어 있는 거리

영어의 손가락들은 저마다의 의미를 지니고 있다.

★ 엄지 (thumb) 행운 luck

★ 검지 (index finger) 방향 direction

★ 중지 (middle finger) 도발 provoke

★ 인지 (ring finger) 사랑 love

★ 약지 (little finger, baby finger, pinky) 약속 promise

누가누가 더 야하나

What if?

다음 중 어떤 것이 더 '…야하다!'고 느껴지시는지?

(a) 가슴골이 훤히 드러나는 T-shirt

(b) 허벅지가 훤히 드러나는 핫팬츠

이러한 질문들은 그야말로 '개인의 취향에 따라!'가 답일 것이다. 하지만 얼마 전 재미있는 이야기를 들었다. 동양인들 가운데는 ⒜를, 서양인들 가운데는 ⒝를 고르는 이들이 많다는 것이다. 웃옷에 너그러운 서양과 아래옷에 너그러운 동양! 이러한 현상을 일반화할 수 있다면, 그 이유가 무엇일지 궁금하지 않은가.

서양 사람들이 가슴골이 훤히 보이는 웃옷에 너그러운 이유. 어떤 이는 남이야 겨울에 비키니를 입든 여름에 모피코트를 입든 상관하지 않기 때문일 거라고 말하고, 또 어떤 이는 상대적으로 그곳 여성들이 가슴이 발달한 신체구조를 지니고 있기 때문 아니겠느냐고 말한다. 그렇게 생각하니 그런 것도 같다. 그런 모습이 눈에 익다 보면 아무래도… 그런 그들이 이곳에 와서 놀라는 게 '하의실종' 패션이다. 가슴골 비치는 옷차림만 보면 야하다고 펄쩍 뛰는 한국 여인네들이 허벅지를 다 드러내놓고 다니는 건 무슨 시추에이션인지 도무지 이해하기 어렵다는 것. 우리는 왜 그런 걸까? '똥꼬치마' '똥꼬바지'라고 불릴 만큼 아찔하게 올라붙은 아래옷에 상대적으로 너그러운 이유 말이다.

혹시 다리 길이에만 신경 쓰느라고 그런 건 아닐까? 노천명의 시를 빌리자면 '모가지가 길어서 슬픈 짐승'처럼 '두 다리가 짧아서 슬픈 몸매' 때문에? 발끝에서 되도록 멀리!를 외치는 듯한 '똥꼬치마'. 누군가의 눈에는 그것이 만들어내는 롱다리 효과가 먼저 보이는가 하면, 다른 누군가에겐 어딘가(?)에 너무나 가깝게 다가가는 아슬한 도발로 보이나 보다.

중동은 동쪽의 한 가운데?

What if?

Middle East 혹은 Mid East은 '중동 = 동쪽의 한 가운데'라는
뜻이다. 어디를 기준으로 한 것일까?

(a) 동양   (b) 서양

아무 생각 없이 사용하고 있는 '이름'에는 의외로 생각지도 못한 남들의 기준, 남들의 생각이 담긴 경우가 많다. 그 가운데 하나, 중동이라는 지역 이름. 한자로는 中東으로 적고 영어로는 Middle East. 줄여 쓰길 좋아하는 미국식으로는 Mid East다. 그런데 생각해보면 중동은 우리가 사는 곳에서 동쪽이 아닌 서쪽에 위치하고 있다. 그런데 어쩌다가 Middle East가 됐을까?

19세기 후반 영국이 만들고 20세기 초 미국이 살려 쓰기 시작한 이름이기 때문이다. 그들이 왜 그곳을 중동이라 불렀는지, 한국이 한 가운데 있는 지도 말고, 미국 대륙이 맨 왼쪽으로 가 있는 지도를 펼쳐 들여다보면 수긍이 갈 것이다.

혹시 인터넷에서 '거꾸로 된 지도reversed map, upside-down map'를 본 적 있는가? '지구의 아랫녘Down Under'이라고 불리는 게 억울했던 한 호주 청년이 만든 세계 지도다. 늘 아래에 위치해 있던 호주가 맨 위 가운데 위치하고 있다. 그걸 두고 위아래가 바뀌었다고 보는 이들도 있을 것이고, 오른쪽·왼쪽이 바뀌었다고 보는 이들도 있을 것이다.
어떤 지도에 익숙하냐에 따라 예상 반응은 제각각! 하지만 지구는 우리에게 이렇게 물을지도 모른다. 우주 공간에 둥실 떠 있는 둥그런 별에 무슨 왼쪽, 오른쪽이 있고 아래 위가 어디 있냐고.

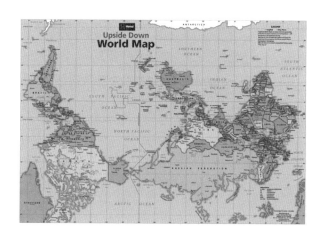

페루의 쿠스코, 그리스의 옴파로스, 칠레 이스터 섬의 별명인 테피토오테헤
누아, 호주의 울룰루… 이 지명의 공통점은? '지구의 배꼽'이란 뜻을 갖고 있
다는 점이다. 그럼 도대체 이 지구는 몇 개의 배꼽을 가진 거야? 많다. 모두
들 자신이 사는 곳이 세상의 중심이라고 여기며 살기 때문이다. 그러고 보니
지중해地中海도 라틴어로 '지구의 중심'을 뜻하는 mediterraneus가 그 이름
의 뿌리다. 고대 유럽인들의 관점에서 그 바다가 그들이 알고 있던 세계의 한
가운데에 위치한다고 생각했기 때문이렷다.

본질로 정의하는 언어 vs 형상으로 정의하는 언어

가끔 아니 자주 헷갈리는 단어가 있다. He와 She.

물론 뜻과 용례는 정확히 알고 있다. 그런데도 영어로 대화하던 중 열심히 어떤 여자에 대해 이야기를 하다가 아무 생각 없이 "He…"라고 하질 않나, 반대로 남자에 대해 이야기 하다가 "She…"라고 하질 않나. 그 대상이 트렌스젠더도 아닌데 말이다. 도대체 우리는 왜 이런 실수를 그것도 그토록 자주 저지르는 걸까? 아무래도 쉽사리 자리를 내주려 하지 않는 우리의 오래된 문화유전자 때문이지 싶다. 영어식의 He, She와 일본식의 彼, 彼女라는 말처럼 남녀로 나눠 쓰는 3인칭 대명사는 본디 우리말에는 없는 말이다. 그저 '그이'로 충분할 뿐. 지시 대상을 좀 더 확실하게 짚어주고자 한다면 '그 친구', '그 사람'으로 받아주면 된다. 지난 주말에 영화를 같이 본 친구 이야기를 하더라도 그 친구가 이성인지 동성인지 굳이 밝히지 않아도 된다는 뜻이다. 영어에선 기대할 수 없는 우리말의 '통 큰 배려'라고나 할까? :)

She나 He만큼 자주 헷갈리는 것이 또 있다. 명사의 단수·복수형이다. "She has four apple." 혹은 "She has an apples"처럼 실수연발! 정신줄 단단히 부여잡고 말하면 충분히 피할 수 있는 실수지만 그렇지 않고 대화하다 보면 실수하기 아주 쉽다. '아니 내가 왜 자꾸 이러지?' 자책할 만큼 난이도 하의 영어상식인데 이런 현상은 자주 반복된다. 왤까? 어쩌면 이 또한 지식으로 '아는 것'과 문화로 '하는 것' 사이에서 일어난 실수가 아닐는지? 시험을 본다면야 칼 같은 셈을 하는 영어의 규칙에 따라 단수와 복수를 챙겼을 것이다. 하지만 일상에서는 영 다르다. 셈도 말처럼 두루뭉술한 편인 우리 문화. 세계 수학경시대회를 석권하는 실력이라도 과일가게에서 주문을 할 때면 "사과 두서너 개만 담아주실래요?"라고 하지 않는가. 글도 마찬가지다. "The branches are heavily loaded with apples."라는 영어문장을 "가지들마다 사과들이 잔뜩 달렸다."라고 옮긴다면 얼마나 어색하게 들리는가! 단복수형을 따로 챙기지 않는 우리말은 그저 "가지마다 사과가 주렁주렁 달렸다."로 충분하다.

왜 그런 걸까? 영어에서는 성별이 중요하고 단수 복수가 중요한 이유, 우리말에서는 그저 '사람'이면 되고 '사과'와 '가지'면 되는 이유가 있다. 그것은 바로 각각의 시선이 다른 방향을 향하고 있기 때문. 다시 말해 본질을 향해 있는 우리 문화의 시선과 현상을 향해 있는 영어 문화의 시선 때문이다. 공통된 하나의 본질로 수렴되는 시선은 대상을 '사람'으로 보게 만든다. 다양한 현상으로 확산되는 시선은 대상을 '여자'인지 '남자'인지, 그리고 그 수가 한 개인지 여러 개인지 구분하게 만든다. 드러난 모양새에 따라 이름이 달라지고 크기나 수량 정도에 따라 단수, 복수, 원급, 비교급 세심하게 구분되고 칼같이 따진다. 어떤 언어를 모국어로 쓰느냐는 질문은 그래서 세상을 어떤 틀로 바라보느냐고 묻는 질문일 수도 있다. 그 틀 안에서 어떤 마음의 습관을 갖고 사느냐고 묻는 질문이기도 하고.

P.S.

히브리어에서는 목의 앞뒤를 이르는 이름이 각각 따로 있단다.[3] 아니 왜? 했다가 이내 그럴 수도 있지 하고 고개를 끄떡였다. 생각해보니 우리도 그렇지 않은가. 다만 그 부위가 목이 아니라 그 아래쪽이라는 것만 다를 뿐. '앞배', '뒷배' 하지 않고 '배'와 '등'으로 나누어 부르는 것과 무엇이 다른가 싶어서다.

그런가 하면 어제와 내일을 같은 단어로 표현하는 언어도 있다. '까르마'와 어원이 같은 힌디어의 '깔'이 그러한데, 그 언어를 쓰는 이들에겐 어차피 현재가 아니라는 점에서 지나간 시간이나 다가올 시간이나 매한가지이기 때문이란다. 그런 점에서 고대 바빌론 사람들이 죄와 벌을 한 단어로 엮은 것 역시 같은 맥락이 아니었을지…. 다른 언어, 다른 관점! 낯설고 당황스럽긴 해도 덕분에 뻣뻣했던 고개는 부드러워지고 딱딱했던 마음은 나긋해진다. 새로운 관점으로 전환하는 순간, 더 넓은 관점으로 확장하는 경험은 이런 기분 좋은 신체적 변화를 동반하기도 한다. :)

Part 2

집단으로 살아가는 언어
vs.
개인으로 살아가는 언어

수고하세요

직장 동료보다 먼저 퇴근하는 길.

"수고하세요." 한 마디 건네고 싶은데 뭐라고 해야 할까?

(a) Work hard!　　　(b) Don't work too hard!　　　(c) Enjoy!

"수고하세요.", "욕 보쇼잉!", "고생하이소."

이런 인사 영어 문화권에는 없다. 그런 상황에서 인사는 (c) Enjoy!

"어, 그건 수고하라는 말이 아니잖아? 게다가 enjoy라니 누구 약 올리는 것도 아니고."

이 표현을 물었던 친구의 반응이다. '수고'라는 말을 사전에서 찾아보면 '일을 하느라고 힘을 들이고 애를 씀. 또는 그런 어려움'이라고 나와 있다. 그래서 간혹 "수고하세요."라는 인사를 "고생하세요."라는 인사로 대신하기도 한다. 하지만 그 인사에 담긴 마음은 (a) Work hard!보다 (b) Don't work too hard!에 가깝다. 그런데 이것도 영어 문화권의 관점에서는 None of your business!

그 동료가 일을 열심히 하든 '놀멘놀멘(?)' 하든 상관할 바가 아니라는 말씀. (혹시나 직역해서 "Work hard!"라고 할 분은 없겠지? 그랬다가는 분위기 걷잡을 수 없이 살벌해질 수도 있다. 탱자탱자 농땡이치지 말고 열심히 좀 하라는 질책이자 명령으로 들릴 테니.) 대신 그들은 "Enjoy!" 혹은 "Have fun!"이라는 인사를 건넨다. 이왕 할 거, 아무쪼록 즐기면서 하라는 응원이고 격려다. 아니면 때에 맞춰 "Good night! Take care." 정도.

그런데 우리는 왜 '수고하라'고 인사하는 걸까? 힘들이고 애쓰는 그런 어려움을 권하다니 왜? 어째서? 어쩌면 그 인사, '우리' 그리고 '정'이라는 정서와 깊은 연관이 있지 싶다. 같이 고생해야 하는데, '동료로서 의리 없이 혼자만 먼저 가서 미안하다. 내 대신 고생 좀 해줘라'하는 깊은 마음, 그런 긴 메시지가 "수고하세요."라는 다섯 음절로 표현된 건 아닐는지.

P.S.
한편 "수고하셨습니다!"는 영어로 뭐라고 할까?
"Thank you." 혹은 "Good job." 이때 good은 good이 아닐 때가 많다.
결과에 대한 만족도와 상관없이 건네는, 그저 수고했다는 정도의 의미로 건네는 인사이다.

E - SPOT

Don't kill yourself. 너무 무리하지 마!(친한 동료나 친구 사이에서 하는 말)
Keep up the good work. "수고하세요!"의 영어표현으로 소개되는 이 표현도
알고 보면 아무나 함부로 할 소리는 아니라는 말씀!

남 같지 않아서 하는 조언

친한 친구가 복잡한 문제로 골머리를 앓고 있다.

'아, 나도 예전에 같은 문제로 속을 끓인 적이 있었지!'

경험자로서 조언을 해주고 싶다. 영어로는 어떻게 말해야 할까?

(a) You'd better do it this way.

(b) You should do it this way.

(c) I would do it this way.

일단 (a) You'd better do it this way는 탈락. 과장되게 말하자면 조언이라기 보다는 공갈협박에 가깝게 들린단다. "이렇게 하는 게 좋을 걸! 좋게 말할 때…" 대충 이런 뉘앙스라고….

허걱! 몰랐다. 오래도록 "이렇게 하는 편이 더 낫겠다."라는 자상한 표현인줄 알았는데. 그래서 외국인에게 길을 가르쳐줄 때도 그렇게 말하지 않았던가.
"You'd better take subway line 9 and…."
차라리 그럴 땐 "You should…"로 표현하는 게 낫다는 걸 뒤늦게 알았다. 앞선 상황에서라면 (b) You should do it this way. (이보다 조금 더 부드럽게 하자면 You may want to do it this way. 라고도 조언할 수 있다.) '군이' 하나를 고른다면 (c) I would do it this way.(나라면 그걸 이런 식으로 해볼 텐데.)
'군이'라고 토를 단 이유는 아무리 훌륭한 조언도 상대가 청하기 전까지는 "No, thank you." 품목이기 때문이다.

우리는 멘토나 친구의 조언을 통해 좋은 생각, 현명한 판단을 하는 데 도움을 받을 수 있다. 때로는 낯선 이로부터도 요긴하고 훌륭한 조언을 얻을 수 있다. 그런데 제 아무리 훌륭한 조언도 원하지 않을 때는? 효과가 없다. 안 그렇겠는가. 무슨 말인지, 무슨 맘인지 듣고 싶지 않으니 들릴 리 만무다. 〈악마의 사전〉이 '충고'를 두고 "친구를 잃는 수많은 방법들 중에서 어리석은 자들이 특히 선호하는 것EXPOSTULATION, n. One of the many methods by which fools prefer to lose their friends."이라고 소개한 이유다.

그럼에도 불구하고 '의도'를 '결과' 혹은 '영향'보다 중시하게 되면, 그가 '남 같지 않게' 느껴지면, 그것이 간섭 혹은 오지랖이 아니라 '관심'이고 '배려'라고 여겨지면, 조언은 언제나 고고씽 모드. 요청하지 않은 조언이 난무하게 된다.

대개의 요청하지 않은 조언 혹은 충고에는 불편한 진실이 숨겨져 있다. 누구도 말은 안했지만 무의식적으로 느끼는 그것, 바로 '한 수 위 입장one-up position'이다. "적어도 그 문제에 관해서는 내가 좀 아는데…" 혹은 "그거라면 내가 너보다 더 잘 할 줄 아는데…" 하는 그 마음. 그런데 혹시 이런 적 없었는가? 상대의 말이 맞다 여겨지면서도 왠지 마음은 도리질을 치던 경험. 상대가 나보다 낫다 인정하면서도 마음은 무릎 꿇고 싶지 않았던 경험.

생각해보면 타의에 의해 '아래'가 되는 경험은 누구라도 결코 유쾌할 리 없다. 게다가 요청하지 않은 조언에는 상대를 있는 그대로 인정하지 못하겠다는 조바심이 스며 있기 마련이다. 참고로 위아래를 가르고, 옳고 그름을 나누고, 있는 그대로를 인정하지 못하는 저 밑바닥 마음이 만들어내는 요청하지 않은 조언을 소통의 관점에서는 communication killer라고 부르기도 한다.

E - SPOT

unsolicited advice 요청하지 않은 조언
officious attention 주제 넘은 참견
cold counsel 달갑지 않은 조언
busy body 오지랖 넓게 간섭하느라 바쁜 일명 '오지라퍼'. cf. meddler.
비아냥거리는 의미에서 do-gooder라고도 한다.

싸잡아서 하는 말들

바브라 스트라이샌드Barbra Streisan가 나오는 〈THE GUILT TRIP〉이란
영화의 한 장면.
혼자 아들 키운 엄마가 여친 없이 역시 혼자 지내는
미혼의 아들이 걱정돼 이런 저런 질문을 던진다.
그동안 아들이 데이트했던 여친들 이름이 하나둘 등장. 그러다가⋯
"What about the one before her, the oriental?"
(그럼 그 전에 사귀었던 그 동양 애는?)
그러자 아들이 정색을 하고 말한다.
"That's a NOT REMOTELY ACCEPTABLE term any more."
(엄마, 이제는 그런 식으로 말하면 안 된다고요.)"
동양인이니까 동양인이라고 부른 건데. 그게 왜? 뭐? 뭐가 잘못된 건데?

집단으로 살아가는 언어 vs. 개인으로 살아가는 언어 / 59

혹시 새로운 음악을 들으면 장르가 먼저 궁금한가? 새로운 사람을 만나면 소속 혹은 출신부터 묻는가? 집단주의 문화권에서는 "그렇다."고 대답할 사람이 상대적으로 많다. 전체에서 시작해서 부분으로 수사망을 좁혀 들어가는 사고방식 속에서 자라다 보니 아무래도 그렇다.

반면 people보다는 individuals에 우선순위를 두는 이들, 즉 개인주의 문화권에서 자란 이들의 관점에서 보자면, 사람들이 지닌 공통의 배경blanket 속에 개인들이 지닌 각자의 개성들을 묻어버리는 것처럼 느낄 수 있다. blanket terms가 바로 그런 의미. 우리말로 옮기자면 '도매금으로 싸잡아 이르는 말' 딱 그거다.

눈치 챘는가? 긍정적이라기보다 부정적 뉘앙스가 그 안에 깔려 있다. 하긴 자신이 '도매금에 싸잡힌다'고 생각하면 누군들 속 편할 리 없을 터. 백인, 흑인, 유럽인, 동양인. 우리가 이런 말을 별 저항감 없이 쓰고 듣는 이유는 어쩌면 그 말이 주는 '소속감' 때문일 것이다. 하지만 그들의 관점에서는 개인의 특성을 무시하는 '낙인찍기labelling'로 비칠 수 있다는 말씀.

당연한 말이겠지만 blanket terms를 자주 사용할수록 blanket judgment에 익숙한 사람이라는 인상을 주기 십상이다. 일일이 '소매금'을 따지기보다 '도매금'으로 통~쳐서 셈하고 평가하는 blanket judgment. 장르로 분류하고 무리별로 구분하는 것은 분명 편한 구석이 있다. 생각과 표현의 수납함을 단출하게 가져가는 일종의 경제성이랄까, 효율적인 면이 있다.

하지만 사람과 사람 사이인 경우 경제성만 따져서 될 일이 아니라는 걸 우리는 잘 안다. 문화 차이를 막론하고 '도매금'보다는 '소매금'의 힘이 세다.
안 그렇겠는가. '외국인', '동양인'이 아니라 나만의 이름을 불러줄 때, 나는
그에게로 가서 '꽃'이 되고 싶은 마음이 굴뚝 같아지리니. 하물며 개인주의
문화권에서 온 상대라면, 일러 무삼하리오.

E - SPOT

blanket terms 담요로 덮듯 싸잡아서 하는 말 cf. umbrella term, hypernym
not remotely correct 요만큼도 옳지 않은
politically correct 직역하자면 '정치적으로 옳은', 인종, 성, 종교, 민족, 지역 등에 대해 차
별적 언행을 삼가는 것. (231쪽 참조)

어머머머,
누가 누구더러 외국인이래?

런던에서 일하고 있는 내 친구 유정.

영국인 동료와 이런 저런 이야기를 나누고 있었다.

"Well, you foreigners tend to…"(근데, 너희 외국인들은 말야…)

유정이 말하고 있는데, 영국인 동료와 웃으며 말허리를 잘랐다.

"Wait, wait! Did you say 'you foreigners' again? Oh my…"

(잠깐만! 너 지금 또 '너희 외국인들'이라고 했니? 헐!)

그제야 '아차차!'싶은 유정. 서둘러 정정했다.

"Did I? Sorry. I mean…"

이거 한두 번도 아니고…. 유정의 영어실력은 거의 현지인 수준.

그런데 왜 자꾸 그런 실수를 하게 되는 걸까?

foreigner, 즉 '외국인'은 글자 그대로 '외국에서 온 사람'을 본국인이 부르는 말이다. 하지만 한국인에게 foreigner, 즉 '외국인'이란 말은 다소 고정되어 사용되는 경향이 있다. 장소가 어디든 대상이 누구든, 조상이 한국 사람이 아닌 모든 사람들. 그것이 우리가 '외국인'을 말하고 듣는 방식이다. 영국에서 영국인에게 외국인이라고 부른 내 친구의 경우도 같은 맥락이었을 것이다. 오랜 시간 몸에 익고 맘에 익은 언어의 사용방식은 여간해선 사리지지 않는 법이니까. 내수용 영어라면 별 문제가 없었을 이 표현이 외국에 가서 별 생각 없이 썼다가는 "얘, 뭐래니?" 소리 듣기 십상이다.

그나저나 한국에서 외국인에게 foreigner라고 부르는 것은 괜찮을까? 흠… 그게… 이 문제도 다시 생각해볼 여지가 있다. 일단 조상이 한국인이 아니면 외국인일까? 한국으로 귀화해서 한국 국적을 취득했다 하더라도, 한국에서 태어났지만 한쪽 부모가 외국인이어서 외모가 토종 한국인과 다르면 얄짤없이 외국인 소리를 듣는 현실. 한국인에게 외국인이라 불리는 한국인이라니! 용어 사용의 시비를 떠나 그 소리를 듣는 기분이 어떨지 묻지 않아도 짐작이 가지 않는가.

한편, 한국에서 살고 있는 외국인들의 경우는 어떨까? 그들은 외국인 맞다. 그런데 간혹 '외국인'이라고 불리는 것에 대해 섭섭하고 불편한 마음을 토로하는 '외국인'들을 본다. 그들 가운데 동남아시아에서 온 한 친구의 말이 아직도 마음에 걸린다.

"한국인이 '외국인'이라고 할 때는 '우리' 아닌 '남'이라는 생각이 깔려 있는 것 같습니다. 그런데 '남'도 다 같은 '남'이 아닌 것 같아요."

나보다 잘난 '외국인'과 나보다 못난 '외국인'으로 나눠 대한다는 그의 말. 듣는데 곤혹스러웠다. 터무니없는 오해라고 일축하기에는 왠지 켕기는… 쿨럭! 암튼 foreigner라는 말은 사용에 주의를! 소외감을 부추기는 배타적인 말, 혹은 도매금으로 싸잡아서 하는 말처럼 들릴 수 있기 때문이다.(58쪽 참조)

P.S.
문득 떠오르는 기억! 우리 할머니는 모든 '외국인'을 '미국인'이라고 부르시다 돌아가셨다.

몸에 좋은 거니까 먹어둬!

극단적 채식주의자vegan인 캐나다 친구가 서울 시내에 있는 한국 식당을 찾았다. 메뉴를 소개하는 사진들 가운데 오색 채소를 곁들인 비빔밥이 보였다. 그 위에 얹은 고기와 계란은 빼고 달라는 부탁과 함께 주문을 마치고 기다리는데…

드디어 나온 비빔밥, 그런데 어찌된 일인지 고기와 계란이 그대로 얹어져 있는 게 아닌가. 백발이 성성하신 주인 어르신. 혹시 깜빡 잊었나? 바쁘다 보면 실수할 수도 있겠다 싶어 '잘못된 배달'을 상기시켰더니, 돌아온 건 사과나 변명이 아닌 청천벽력 같은 충고.

"함께 넣어 먹어야 맛도 좋고 몸에도 좋으니 그냥 드세요!"

그 뒤로는 이 불쌍한 친구, 한국에서 외식할 일이 있으면 아예 집에서 도시락을 싸가게 되었다고.

이 이야기는 지인이 신문에서 읽었다며 콧구멍 벌렁이며 전해준 것이다. 이건 뭐 관점의 차이고 뭐고 간에 누가 봐도 어떻게 봐도 그 식당의 서비스 마인드 부재다. 그런데 그 식당 주인, 도대체 그런 충고를 손님에게 할 생각을 어찌 했을꼬? 또 어쩌다가 이 이야기가 '문화 충돌'이란 제목 하에 소개된 걸까?[1] 외국인들에겐 충격이지만 한국인들에게는 아무렇지도 않은 일이라는 건가? 그쯤 되어야 '문화 충돌'이란 표현의 주인공이 될 자격이 주어지는 걸 텐데.

누가 봐도 어떻게 봐도 옳은 일, 좋은 일이라고 믿는 순간 사람들은 물러서려 하지 않는다. 아니 욕을 먹는 한이 있어도 적극적으로 주위에 권한다. 정의롭고 이타적이라고 믿고 있기 때문이다. 특히 명분과 원칙, 의도가 중요한 사회일수록 그럴 가능성이 높다.

'해야 한다'를 '하고 싶다'보다 우선시하는 곳에서 개성은 뒷전이거나 존중받지 못할 때가 많다. 그 식당 주인장 어르신, 솔직히 바쁘기도 했겠지만 하늘을 우러러 한 점 부끄럼 없이 다음과 같이 믿었기 때문은 아니었을까.

"비빔밥이란 모름지기 고기에 계란까지 넣고 고추장에 갖은 채소랑 쓱쓱싹싹~ 비벼야 되는 거거든. 맛도 좋고 몸에도 좋은 걸 빼달라니 다 큰 어른이 웬 투정?"

그 마음으로 사과 대신 충고를 하셨을 거다. 식당 주인이기 전에 어른으로서 뭘 모르는 외국인 청년을 위하는 마음에서! 그렇기 때문에 상처받거나 불쾌해하는 상대가 보이지 않는 것이다. 아니 설사 보인다 해도 그를 살필 수 없는 것이다. '이게 다 너를 위해서 너를 사랑하니까'라는 철썩 같은 마음, 떳떳한 그 의도에만 갇혀 있는 탓이다.

나가야 되나, 말아야 되나

번번이 약속을 안 지키는 '이누므 자식'. 부모는 뭐라고 혼을 낼까?

ⓐ 당장 나가!　　ⓑ 당분간 못나가!

(a) 당장 나가!는 우리 스타일이다. 집단으로부터의 축출. 그걸 가장 두려워할 거라고 생각해서 내리는 벌일 게다. 반면 영미권에서의 벌은 (b) 당분간 못나가! 영어로는 grounding, 우리말로는 '외출금지'다. 자유의 박탈, 그것만큼 가혹한 벌이 없다고 여기기 때문이리라.

우리 부모님들이 "당장 나가!"라는 표현으로 전하고자 한 메시지는 무엇일까? 웬만큼 나이가 들면 그 말씀이 명령이 아니라 경고라는 걸 안다. 정말 나가라는 명령이 아닌, 그러다가 쫓겨날 수도 있다는 경고 혹은 협박.
헌데 아직 그 사실을 눈치 채지 못했던 어린 시절, 난 "당장 나가."라는 엄마의 말을 듣고 닭똥 같은 눈물을 쏟으며 가방을 싼 적이 있다. 그러다 더 큰 꾸지람을 들었다. 이거 정신의학에서는 double bind communication(이중 구속의 의사소통)이라고 부른다. 양손을 꼭꼭 묶어 옴짝달싹 못하게 만드는 대화방식. 상반된 의미의 말들을 동시에 전하는 언어습관 말이다.
입으로는 "당장 나가!"라고 말해놓고 몸으로는 "그런다고 정말 나가기만 해 봐!"라고 말하는 것. 독하게 말하자면 '분열적 소통방식'이라고나 할까. 실제로 이런 대화방식에 오래도록 심하게 노출된 아이들은 정신분열증에 걸릴 수도 있다니…, 허걱! 조심할지어다.

국과 스프

birthday table. 다시 말해 '생일상' 하면 떠오르는 메뉴는?

(a) 미역국   (b) 생일 케이크

서양인들이라면 당연히 (b) 생일 케이크. 생일 케이크는 그들 생일 문화의 상징으로 고대 로마시절에 생겨났다고 한다. 요즘은 이곳에서도 대부분 생일 케이크를 챙기지만, 우리에겐 생일하면 빠뜨릴 수 없는 것이 바로 (a) 미역국. "미역국은 먹었니?" 하는 물음은 누군가 생일을 챙겨줬냐고 묻는 말이다. 미역국이 그냥 미역국이 아니다. 마치 "국수는 언제 먹게 해줄 건데?"라는 질문 속의 국수가 그냥 국수가 아닌 것처럼 말이다.

한편 '국'을 영어로 하면? 가장 가까운 의미가 그나마 soup. 하지만 알다시피 soup은 식사의 시작 메뉴로 그것 자체가 개별 요리다. 그렇게 하나하나 다른 메뉴들이 차례로 나오는 게 서양 밥상이다. 반면 우리의 밥상은 밥과 국과 반찬이 한데 어우러져 비로소 완성되는 합체형이라고나 할까. 반찬과 마찬가지로 국은 밥을 전제로 한다. 그런 의미에서 서양 밥상에 '국'은 없는 셈이다. 그중에서도 '미역국'은 그들에게는 낯설 뿐만 아니라 호감가는 인상도 식감도 아니라고 한다. 미역뿐만 아니라 파래니 김이니 해조류를 아예 '먹을 수 있는 것'이라 생각하지 않는 사람들이 그곳에는 꽤 많다. 그저 파도에 밀려와 해변에 널브러진 해초 쓰레기 정도로 여기는 눈치.

sea weed soap 미역만이 아니라 해조류로 만든 스프를 통틀어 그렇게 부른다.
an adventure eater 낯선 음식에 도전하는 것을 두려워하지 않은 사람
birthday suit 알몸(태어날 때 복장이란 의미다.)

그 배우랑 똑 닮으셨다!

What if?

코 큰 외국인과 인사하는 자리. 저 얼굴, 분명 누굴 닮았는데……

아, 〈셜록〉의 그 배우! "You look like 베네딕 컴버배치!"

그에게 이 칭찬은 어떻게 들릴까?

(a) 오호! 배우를 닮았다 이거지 :)

(b) 으흠… 개성이 없다 이거지 :/

칭찬은 뭐든 반갑다. 하지만 서양인들에게 하는 외모 칭찬은 우리가 생각한 만큼 효과적이지 않을 때가 많다. 물론 다 그런 것은 아니지만.

뛰어난 외모는 운 좋게 타고난 것이지 자신이 성취한 것이 아니니 칭찬받을 이유가 아니라는 거다. 게다가 그 외모가 다른 누구와 닮았다고? 개성을 중시하는 그들에게 이런 종류의 칭찬은 '몰개성'을 확인시켜주는 말처럼 들리기도 한다. 거참!

한국 사람들은 왜 외국인을 보면 닮은꼴 연예인을 찾기 바쁘냐고 물었던 외국인 친구가 있었다. 하긴 어디 외국인뿐이랴. 그런데 우리는 왜 그런 걸까? 곰곰… 생각해보니 짚이는 구석이 있다. 출신 집단 혹은 소속 집단. 우리가 그런 걸 좀 밝히지 않던가. 그러다 보니 아티스트를 만나면 장르를 묻고, 잘생긴 사람을 보면 닮은꼴 연예인을 찾는 거다.

머릿속에 차곡차곡 집단 분류!

a look-a-like. 빼닮은 사람, 판박이. a carbon copy, a ditto라고도 한다.

똑똑똑! 노크의 의미는?

'똑-똑-똑-' 방문을 두드리는 의미는 무엇일까?

(a) I'm coming in.(나 들어간다)

(b) May I come in?(나 들어가도 돼?)

우리나라에서는 (a)의 뜻, 즉 '손기척'의 의미로 노크를 하는 이들이 적지 않다. 요즘은 좀 달라진 것 같기도 하지만 말이다. 옛날 우리 조상님들은 손기척 대신 헛기침으로 인기척을 내셨다고 한다. 하긴 창호지로 가린 문을 두드린다는 것도 여의치 않으셨겠다. 암튼 손기척을 대신한 인기척은 (a) I'm coming in. "나 들어가오~"라는 의미의 점잖은 통보다. 하지만 영미권에서 노크는 100% (b) May I come in? "들어가도 되나요?"라고 허락을 구하는 행동이다. 물론 그곳에서도 대답을 듣지 않고 문을 여는 경우가 왜 없겠는가. 가령 인내심이 부족한 사람이거나 촌각을 다투는 급박한 상황이거나. 그래도 노크는 그들에게 질문이다. "Yes, you may."의 메시지가 되돌아올 때까지 기다려야 하는 질문 말이다.

P.S.

그 의미의 차이를 모른 채 한국에 온 외국인들 중에는 왕왕 당황스런 상황에 처하게 된다고. 한 미국인 유학생이 기숙사 방문을 잠그지 않은 채 속옷 차림으로 컴퓨터를 하고 있다가 당했다(?)는 이야기를 들은 적이 있다. 노크 소리에 "Who is it?" 물으려 했으나 바지를 챙겨 입기도 전에 '허걱!' 불쑥 문을 열고 방안으로 들이닥쳤다 하니, 을매나 놀랐을고!

knock on wood three times. 입방정 떨다가 혹여 나쁜 일이 일어날까 두려울 때 나무로 된 것을 세 번 두드리는 서양 풍습. 고대 켈트족 종교였던 드루이드교에서 유래했다는 설이 있다.

오늘 저녁, 번개 어때요?

What if?

인터넷에 이런 질문이 올라왔다. 정답은?

"채팅하다가 갑작스레 만나는 것을 번개팅이라고 하죠? 미국에서도 분명 채팅을 할 텐데… 채팅하다 만나는 번개팅을 영어로는 뭐라고 하나요?"

물론 채팅은 한다. 하지만 워낙 예약 문화가 발달한 그곳. 어지간히 막역한 사이 혹은 화끈한 성격 아니고는 '번개' 혹은 '번개팅'은 생각하기 어렵다. 물론 flash-mob은 있다. 말 그대로 불특정 다수인 mob들이 번개flash처럼 모여 약속한 '떼 퍼포먼스'를 하고는 다시 번개처럼 사라지는 것이다.

하지만 우리가 흔히 말하는 그런 '번개'는 아니다. 우리의 일상을 둘러보면 의외로 자주 번개가 친다. 마른하늘에 날벼락처럼 예상치 못한 통보 혹은 제안들. "오늘 저녁 부서 회식하겠습니다~", "이따 퇴근 후 한 잔 어때?", "4차는 김 대리네로, 고고씽~"

이런 것이 다 번개급 미팅 아닐까? 덕분에 때로는 짜릿하고 때로는 짜증난다. 암튼 이런 현상에도 다 이유가 있을 것이다.

P.S.

부서 회식, 회사 회식… 공식적으로 의무적으로 모여서 같이 밥 먹는 문화는 우리에게는 매우 익숙하지만 개인주의 문화권에서는 보기 드물다. 게다가 번개 모드로는 더더욱 드물다.

Well, it is rather short notice. 음, 좀 갑작스러운 통보네요.
Is Monday doable to you? 월요일 어때요?
I think it will be workable. 어떻게든 맞춰볼 수 있을 듯합니다.

식사하셨어요?

끼니때가 갓 지나 만나면 우리는 이렇게 인사한다. "식사 하셨어요?"
자, 점심 직후 친한 외국인 친구를 만났다. 영어로는 어떻게 표현할까?

(a) Did you have lunch?   (b) Did you enjoy lunch?

(a) Did you have lunch?는 점심 식사를 했는지 안했는지 사실을 확인하기 위해 묻는 질문이다. 식사 맛있게 하셨길 바라는 마음으로 건네는 인사가 아니다. 그런 마음을 전하고 싶다면? (b) Did you enjoy lunch?라고 물으면 된다. 하지만 아침이고 점심이고 저녁이고 '식사하셨냐?'고 살뜰히 챙겨 묻는 인사법은 따지자면 영어식 인사법은 아니다. 그렇다면 우리는 왜 이런 인사를 하게 됐을꼬?

영화 〈살인의 추억〉에서 형사 송강호가 연쇄 살인 혐의를 받고 있는 박해일에게 묻는다.

"밥은 먹고 다니니?"

그가 누구든, 무슨 짓을 했든, 일단 밥부터 챙기는 문화. 우리는 그 속에 살고 있다. 언제부터였을까? 우리가 이렇게 살뜰히 식사를 챙기는 인사를 나누기 시작한 것은. 우리 부모님의 부모님의 부모님의 시간 어디쯤 하루 세 끼를 챙기는 게 쉽지 않았던 시절. 묵은 곡식은 다 떨어지고 보리는 아직 여물지 않아 끼니를 거르는 날이 많았던 그 시절. 모두가 배고팠던 그 기억이 서로의 안부를 '식사를 챙기는 것'으로 대신하기 시작한 것 아닐까? 물론 지금이야 끼니 걱정을 하는 경우가 드물지만 그래도 우리는 밥 때 즈음해서 누군가를 만나면 "밥 먹었냐?", "식사하셨습니까?"라고 여전히 묻는다. 그 질문에 대한 적절한 대답은 "아, 네…"이다. 설령 식사 전이라 하더라도 "아니요, 아직 안 먹었는데요?"라고 말하지 않는다는 것을 우리는 안다.

문화마다 독특한 인사법이 있다. 그 안을 들여다보면 그곳의 역사나 가치관 혹은 환경과 관련된 이야기가 숨어 있다. 아마존 밀림의 피나한 부족의 경우 "잠들지 마, 뱀이 있어."라는 말로 밤 인사를 나눈다. 호시탐탐 생명을 위협받는 환경 속에서 그들 나름의 생존전략이 인사가 된 것. 우리의 경우 난리를 겪고 난 뒤 "밤새 안녕?"을 묻게 되고, 보릿고개를 건너면서 "밥은?" 하고 물었으며, 인정머리 없는 걸 가장 큰 욕으로 여기는 정서가 "어디 가는 길?" 이냐고 살뜰히 챙기게 한 것이다.

문화적 맥락과 밀접한 인사말! 그런 것을 맥락에서 뚝 떼어내 외국어로 직역을 했다가는 어색하거나 황당하거나 의도와 전혀 다르게 '불통'의 인사가 될 확률, 무지 높다.

E - SPOT

Did you enjoy your breakfast? 아침 식사는 맛있게 하셨어요?
Did you have your lunch? 점심은 하셨나요?
Have you eaten anything? 뭐라도 좀 드시긴 한 거예요?
Do you have breakfast? 평소에 아침 식사 하시나요?

미국인이 한 일에 한국 정부가 사과를?

2007년. 미국 버지니아 공과대학에서 총기난사 사건이 발생했다.

사망 32명 부상 29명. 범인은 이 대학 영문과생인 조승희. 앗, 한국인이?

한국 사회가 술렁였다. 종교단체, 사회단체, 급기야 대통령까지 나서서 사과문을 발표했다. 그것도 두 차례에 걸쳐. 정부 차원에서는 조문단을 보내겠다고 제안했다.

이에 미국 정부가 손사래를 쳤다. 그들로서는 이해할 수 없는 반응이고 받아들일 수 없는 제안이었기 때문이다.

'미국에서 미국인이 미국인들에게 한 일을 가지고 아니 왜 한국 정부가?'

그야말로 관점의 차이. 속인주의에 집단주의 사고방식을 지닌 한국의 관점과 속지주의에 개인주의적 사고방식을 지닌 미국의 관점 사이에서 일어난 해프닝이다.

그들의 시각에서 이 사건을 보자면 미국에 살고 있는 한 미국인이 일으킨 일이다. 그런데 이 일과 상관도 없는 남들(한국)이 사과를 하고 조문단을 보내겠다 하니 "왜?"라는 생각이 들 수밖에. 한국인들이 드러낸 '집단 자책감'에 오히려 황당해하고 심지어 불쾌해했단다. 한 마디로 그들의 반응은, MYOB Mind Your Own Business!

그런데 왜 우리는 그 일을 '남의 일'이라고 생각하지 않았던 걸까? 극단적으로 표현하자면 '한번 한국인이면 영원한 한국인!', '한 명의 한국인이 한 일은 모든 한국인의 연대책임!'이었던 것이다.

한국에 사는 한국인은 물론 미국에 사는 한국계 미국인들까지 모두가 한민족이므로, 어디에 살든 한국인이 지은 잘못이니 마치 자신이 지은 죄인 듯 인식하고 행동하는 모습을 보인 것. 바로 그 때문이다.

The territorial principle 속지주의
The personal principle 속인주의

걱정의 본질은 불신?

What if?

슬럼프에 빠진 친구에게 "네가 걱정된다."는 말을 영어로 한다면?

(a) I am worried about you.　　(b) I am concerned about you.

세상의 모든 엄마들의 전공은 '걱정'이라는 농담이 있다. 특히 한국의 엄마들에게 '남편 걱정, 자식 걱정 올림픽 대회'가 있다면 메달권 진입은 걱정 없을 듯. 걱정이야말로 존재이유이고 의무라 여기는지 여간해선 그 걱정을 내려놓지 못한다. 아니 안한다. 그런데 어디 엄마들만?

좀 친하다 싶은 관계에서 '걱정'은 범국민적 단골메뉴다. 왜일까? 십중팔구 우리 사는 이곳의 끈끈한 정서와 깊은 연관이 있지 싶다. 웬 걱정이냐고 물으면 바로 되묻는다.

"우리가 남이가?"

이 물음에 내포되어 있는 의미는 사랑, 정, 배려의 다른 이름이 '걱정'이라는 것. '남 같지 않다'는 고백이기도 하고 '내 일처럼 챙기고 있다'는 무언의 격려이기도 하다. 그러니 '걱정'을 포기한다는 건 '관계'를 포기하고 인정머리 없는 인간임을 선언하는 것처럼 느껴질 밖에!

그런데 걱정하는 마음에는 두 가지가 있다. 이것을 영어로 표현하자면,

(a) I am worried about you. (b) I am concerned about you.

둘 다 애정과 관심이 있으니 할 수 있는 말이다. 걱정스런 마음을 전하고자 할 때에는 어느 쪽으로 표현하든 오케이! 하지만 두 단어의 차이에 주목해보자. 사전적 의미는 닮았지만 마음의 태도는 크게 다르다. 특히 대화의 상대가 '내 일은 내가 어련히 알아서! 네 일은 네가 어련히 알아서!' 부르짖는 개인주의 문화권 출신이라면 더더욱 주의하길!

그들은 말한다. "I'm not worried, but concerned."

worried와 concerned는 도대체 무슨 차이가 있는 걸까?

"I am worried about you."라고 말하는 '걱정'에는 슬럼프에 빠진 그 친구가 잘 헤어나오지 못할 것 같다는 불안이 스며 있다. (그리고 그 불안의 저 밑바닥을 헤집어보면 불신이 자리하고 있으니! 즉 '불신'의 친근하고 우아한 표현이 '걱정'이다. 한편 worry 의 어원은 'strangle 목을 조르다'이다.)

반면 "I am concerned about you."에는 상대의 지금 상황이 염려되긴 하지만 그가 잘 헤쳐나가리라는 믿음, 그리고 늘 관심을 가지고 지켜보고 응원하겠다는 마음이 들어있다.

자, 이제 우리는 어느 쪽을 선택할 것인가? 그 선택이 관계에 미치는 영향은 어떨까? 이 질문에 깨어있다면 소통의 청신호가 하나 더 켜진 셈이다.

E - SPOT

an idle fear 괜한 걱정
needless anxiety 아무짝에도 쓸데없는 걱정
endless worries 끝없는 걱정(to ruminate with fear)
overmuch concern 지나친 관심
everyday concerns 일상사

외국인을 지칭하는 용어들

★ strangers 낯선 사람, 모르는 사람, 처음보는 사람

★ alien 외계에서 온 사람

★ An individual who is not a U.S. citizen or U.S. national.[2] 미국 이민법상
외국인

★ overseas 해외에서 온 사람들

★ foreigner 낯선 사람들, 국외자

ex) Dishonesty is foreign to his nature. 천성적으로 그는 '정직하지 못한
것'을 낯설어한다.

ex) I feel a foreign body in the left eye. 왼쪽 눈에 이상한 게 들어간 것 같
아 (foreign body. 이물질. 외국인의 몸이 아니다!)

aggressive와
shy를 보는 다른 시선

남들이 나를 두고 하는 말일 때 왠지 듣기 더
거북하거나 불쾌한 표현은 어느 쪽일까?

(a) aggressive   (b) shy

개인에 따라 상황에 따라 대답이 달라질 질문이다. 하지만 동서양의 호불호가 대체로 일관되게 갈라지는 특정 성향이 있는 듯하다. 예를 들어 상대적으로 동양의 정서는 남녀 불문하고 aggressive라는 표현에 대해 부정적이다. 반면 서양의 정서는 남녀 불문하고 shy에 대해 부정적인 경우가 자주 눈에 띈다. 다음 두 토막의 일화처럼,

에피소드 1. 미국에 사는 한국인 엄마가 아들 축구시합 보러간 날
친한 미국인 학부모가 자기 아이를 두고 aggressive하다고 말했다고 한다. 여러 가지 정황으로 미루어 칭찬이 분명한데, 그리고 영미권 사람들은 이 말을 긍정적인 의미로 쓴다는 걸 알면서도 좀처럼 찜찜하고 거북한 기분이 가시질 않더란다.

에피소드 2. 아이를 미국의 기숙사에 들이던 날
그곳에서 한국인 부모는 미국인 룸메이트 학생의 부모와 만났다. 서로의 아이들을 지켜보며 화기애애하게 이야기를 나누던 중 한국인 부모가 미국인 부모에게 "Your son looks very shy."라고 했단다. 이 한 마디에 그 점잖던 미국인 부모가 발끈하더니 "No, He is NOT SHY. He's just QUIET!"라고 했다고….

aggressive라는 말. 사전을 찾아보면 '① 공격적인, 호전적인', '② 적극적인'이라고 나와 있다. 영어권의 일상에서는 뭔가 목표를 이루기 위해 적극적인 사람을 두고 진심으로 칭찬하는 말이기도 하다. 하지만 그런 줄 알고 있어도

여전히 말하기 불편하고 듣기 불쾌한 게 aggressive를 대하는 동양의 정서다. 특히 사람을 두고 말하는 경우가 그렇다. 집단의 조화와 평온에 기여하는 것을 미덕으로 여겨온 오래된 가치관의 흔적이리라.

그러한 정서와 가치관은 aggressive와 반대편에 있는 성향 shy라는 단어에 그대로 적용된다. 자기소개를 할 때 이곳에서는 스스로 shy하다고 표현하는 경우를 종종 목격한다. 대개는 내성적인 성격이라는 고백이다. 가끔은 '겸손해서 함부로 나대지 않는 사람'이라는 자랑이기도 하다. 특히 한국과 일본 여자들 가운데는 이 말을 칭찬으로 여기는 이들이 꽤 있다. 부끄럼을 많이 타는 천생 여자. 그들에게 shy는 그런 의미인 듯싶다.

하지만 영어권에서 shy는 조심해서 써야 할 단어다. 수줍어하는 성격 외에도 두려워하고 회피하는 태도를 가리키기 때문이다. 당당하게 자신을 표현하고 적극적으로 문제에 직면하기를 권하는 것이 그곳의 보편적 정서. 그러니 자기 아이에게 shy하다고 한 말에 발끈할 밖에. (물론 예외는 있다. camera-shy처럼 지극히 개인적인 취향을 나타내는 경우. 이때 shy는 '개인적으로 별로 좋아하지 않는 것'이라는 의미다.)

E - SPOT
work-shy 일하기를 싫어하는
gun-shy 총을 두려워하는
media-shy 언론을 회피하는
camera-shy 카메라를 꺼려하는
He gets aggressive when he's drunk. 그는 술이 취하면 공격적이 된다.
A good salesperson has to be aggressive in today's competitive market.
오늘날과 같이 경쟁이 심한 시장에서 훌륭한 세일즈맨이 되려면 적극적이어야 한다.

TIP

~~~~~

특정 대상들에 대한 고정관념을 드러내는
용어나 낙인을 찍는 용어 가운데
나라와 관련된 것들, 유독 많다. 예를 들면,

★ French leave 몰래 빠져나가기
★ Portuguese ride 무임승차
★ English Dish 맛없는 음식
★ Jewish mom 극성스런 엄마
★ Chinese tour 안내자가 보이고 싶은 곳만 안내하는 관광·시찰 여행.
★ American dream 미국에서의 (이루기 어려운) 성공
★ Dutch courage 술김에 내는 객기, 술의 힘을 빌린 용기
★ Korean time 약속보다 늦게 나타나는 시간관념

그런데 이런 도매금 용어들은 언제 누가 왜 만든걸까?

'오창심'이 '심오창'으로
창씨개명당한 사연

다음 중에서 성은 '홍'이요 이름은 '길동'인 한국인의 '통하는' 영문표기는?

ⓐ Hong Gildong   ⓑ Hong, Gildong

답은 (b) Hong, Gildong.

하지만 우리 정부가 공식적으로 권장하는 '바람직한' 표기는 (a) Hong Gildong다.

남미 여행 중에 겪었던 일이다. 페루에서 이스터 섬으로 들어가려는 한국 친구를 만났다. 그 친구가 어이없다는 듯 보여준 비행기 티켓. 거기엔 표의 주인이 Shim, Oh Chang이라고 적혀 있었다. 영어 이름 표기에서 쉼표는 그 앞에 적힌 것이 성이요, 뒤에 나오는 것이 이름이라는 뜻! 그럼⋯ 심오창? 그 친구의 이름은 오창심인데, 어쩌다가? 여권에 적힌 Oh Chang Shim을 보고 그곳의 항공사 직원이 '국제적 관례에 따라' 오해한 것이다. 덕분에 그 친구는 졸지에 '오' 씨에서 '심' 씨로 창씨개명 당한 셈.

알다시피 영어권에서는 일상적으로 이름이 먼저 나오고 성이 뒤에 나온다. 반면 우리는 성 뒤에 이름 순서로 쓴다. 아이슬랜드처럼 성을 아예 쓰지 않는 경우도 있고⋯. 이름 표기는 이처럼 각 문화마다 조금씩 다르다. 문제는 글로벌 버전으로 전환해야 할 때 발생한다.

우리 문화관광부 고시[3]에 따르면 앞의 질문에 대한 답은 (a) Hong Gildong이어야 한다. 혹은 Hong Gil-dong이거나. '정책공감'이라는 정책블로그에서 우리 정부는 다음과 같이 명토박아놓고 있다.

"성 뒤에 쉼표를 찍는다거나 Gildong Hong처럼 이름을 앞세우고 성을 뒤에 적는 것은 권장하지 않는다."

Hong, Gildong와 같이 적는 것은 영어식이지 우리 문화가 아니기 때문이란 다. 그 의도는 숭고하다. 하지만 말이 통하기 위해서는 챙겨야 할 소통의 조 건이 있다. 상대가 들을 수 있는 말로 말을 해야 소통이 되는 법. 일단 말이 통해야 마음도 통할 수 있다. 정부의 영문 이름 표기법에 대해 아쉬움이 남 는 것은 바로 그 때문이다.

P.S.
네이버랩이 제공하는 언어변환기에는 한글 이름의 로마자 표기 서비스가 있 다. 웹에서 가장 많이 사용되는 표기를 보여주는 것. 그런데 1위와 거의 비슷 한 빈도로 사용되는 홍길동의 로마자 표기는 Hong Kildong이다. 허걱! 이름 에 Kill이라니? 놀란 마음을 추스르고 다시 보니 Kil이었지만, 그래도…

E - SPOT

May I have your name? 이름이 어떻게 되시나요?
Gang is my given name. Jeon is my last name 성은 전, 이름은 강입니다.
Would you spell your last name? 성은 어떻게 쓰면 될까요?
J as in John, e as in echo, o as in ocean, n as in nose.
John할 때 J, echo할 때 e, ocean할 때 o, nose할 때 n입니다.

집단으로 살아가는 언어 vs 개인으로 살아가는 언어

"이쪽은 우리 집사람입니다."라고 소개한다는 게 그만 "This is our wife."이라고 하고 말았다…는 농담 같은 영어 실수담! 어디 한두 번이고 한두 사람이랴. 우리말을 그대로 직역하는 바람에 생기는 실수. 실력과 상관없이 자동 반사처럼 나오는 이런 종류의 집단적 실수에는 뭔가 특별한 게 있다.

우리는 정말 '우리'라는 말을 좋아한다. 울타리의 '울'이 '우리'의 어원이라는 설이 있던데, 설득력이 있다. 여하튼 우리의 집단 무의식에는 '우리'를 각인시켜놓는 공통 유전자라도 있는 듯하다. '우리 집', '우리 가족', '우리 아내', '우리 엄마'… 이렇게 말하는 게 훨씬 자연스럽다. '나의 집', '나의 가족', '나의 아내', '나의 엄마'라고 말하면 왠지 야박하게 들릴 정도.

하지만 외국인과 대화할 땐 주의할 필요가 있다. 상대가 놀랄 수도 있으니. 예를 들어 우리 집에 놀러오라고 "Why don't you come over our house?"라고 하면 '같이 사는 것도 아닌데 우리 집?' 하며 당혹스러워 할지도 모른다.

'우리'에 대한 각별한 애정은 언어습관에서만 나타나는 것이 아니다. 당연한 말이지만 그 밑에 깔린 생각, 관점 아니 우리의 삶 구석구석이 '우리'에 꽂혀 있다. 어느 한 구석이라도 나와 같은 사람들을 만나면 금방 '우리'가 되는 우리! 한편으로 생각하면 언제나 '더 큰 나'로 살아간다는 뜻일지도 모르겠다. 하지만 다른 한편으로 생각하면 '속 좁은 나'로 살아간다는 뜻일 수도… 무슨 근거로 그리 말하느냐고? 그게 그러니까 이런 말이다.

생김새도 나와 같고 생각도 나와 같아야 비로소 우리는 '우리'라고 인정해주지 않는가. 나와 '다르면' 나와 '틀린 거'다. 나와 '틀리면' 바로 '남'이라고 낙인을 찍는다. 님 하나에 점 하나 찍어 '남'을 만들듯이 우리가 '우리'라고 할 때 그 '우리'는 배타적인 '우리'인 경우가 많다. "우리가 남이가?"를 끊임없이 확인하고 "남 같지 않아서" 시도 때도 없이 들여다보는 우리. 그 모습이 누군가에겐 관심이고 배려이지만 또 누군가에겐 간섭이고 오지랖일 수도 있을 텐데…. 그러다 '내 맘' 같지 않다 싶으면 당장에 "이… 이런 남만도 못한 놈!" 으로 분류해버리는 모습을 자주 보게 되는 것. 그럴 때 '우리'는 〈나 + '나와 닮은 / 내 맘 같은' 너 = 우리〉라고나 할까.

지금 세상은 me-to-we 시대. 너와의 경쟁에서 나 혼자 이기려는 'me 사회'에서 너와의 협력을 통해 다 같이 살아가는 'we 사회'로의 전환! 그래야만 모두가 더불어 행복하게 살아갈 수 있는 시대라고 한다. 이때 we는 그들이 말하는 '개별적인 나individual me'도, 우리가 말하는 '쪼갤 수 없는 우리undividable we'도 아닌 '서로 다른 나와 너가 함께 만들어가는 우리'이다.

Part 2+α.
도대체 Personal
Space가 뭐길래?

Hey, close talker! 공간을 부탁해~

What if?

close friend는 절친. 그렇다면 close talker는 무슨 뜻일까?

(a) 친근한 말투로 말하는 사람　　(b) 들이대듯 다가서며 말하는 사람

(b) close talker는 대화 중 들이대듯 너무 가까이 다가와서 말하는 사람을 뜻한다. 미국 시트콤 〈The Seinfeld〉가 퍼뜨린 유행어 가운데 하나다. 유튜브에서 social awareness이라는 타이틀과 함께 소개되는 close talker 에피소드를 찾아 직접 한번 감상해보라! 다소 과장되긴 했지만 이러한 유형의 사람이 그들 눈에 어떻게 비치는지 충분히 감 잡을 수 있다. 당황스럽고 황당하고 불쾌할 수도 있다고… 《Urban Dictionary》에는 close talker를 이렇게 정의하고 있다.

"One who leaves little space in face-to-face chatter."
(얼굴을 마주하고 대화를 나누는 데 거의 간격을 두지 않는 사람.)

이때 little은 그들이 생각하는 대화거리를 기준으로 그렇다는 말이다. 팔을 뻗어도 닿지 않을 만큼, 대략 1미터 내외는 떨어져줘야 나도 상대도 심리적으로 편하다고 느끼는 것이 그곳의 정서. 하지만 이러한 대화거리는 개인마다 문화마다 천차만별이다. 예를 들어 남미나 중동지역은 영미권보다 그 거리가 훨씬 가깝다. '거리감' 느껴진다고 아예 거리를 두지 않으려고 작정한 듯 보일 정도다. 홍콩처럼 좁은 곳에서 많은 사람이 모여 사는 곳도 마찬가지. 그런 거 따지고 가릴 처지가 아니기 때문이다.

그렇다면 우리의 대화거리는 어떨까? 영국에서 친구가 겪었던 일화가 있다. 이민 초기, 친해진 현지인 직장 동료와 이야기를 나누던 중 그가 자꾸만 뒤로 물러서더란다. 다시 다가서면 다시 뒤로. 그러기를 몇 번 말없이 반복했다. 처음엔 '나한테 김치냄새라도?' 오해를 할 뻔했는데, 뒤늦게 아차 싶더란다. 상대는 자신의 개인공간personal space을 지키고 친구의 개인공간을 배려하기 위해 대화거리를 조정했던 것이다.

하지만 알면서도 왠지 언짢고 섭섭한 감정이 드는 건 어쩔 수 없더라고 말하는 친구. 아무래도 네 공간 내 공간 금 긋는 행동이 낯설었던 듯. 그런 짓(?)은 우리에게는 초등학교 때 책상을 나눠 쓰는 짝꿍과 싸웠을 때나 하는 행동 아닌가. 내 것 네 것 가리는 걸 야박하다 여기고, 내 일 네 일 가리지 않는 걸 미덕으로 여기는 공동체 정서가 여전히 그 친구의 무의식에 자리 잡고 있었기 때문이다.

E - SPOT

personal bubble 개인공간을 나타내는 다른 표현
space invader 영역 침범자. 대화 시 너무 가까이 서 있거나 옆에 앉았을 때 팔이나 다리를 만지는 등 다른 사람의 개인 영역을 침범하는 사람
back up, please? 뒤로 좀 물러나줄래? 혹은 손동작과 함께 please~!

민폐가 된 배려

미국 가정집의 저녁 식사에 초대받았다. 음식이 나오기 시작했는데 너무 싱거워서 아무래도 소금을 쳐야 할 정도. 그런데 소금통은 그 집 할머니 앞에 놓여 있다. 다음 동작은?

(a) 할머니에게 조용히 요청한다.

   "Would you please pass me the salt?"

(b) 식사 중인 할머니께 방해가 되지 않도록 다가가 조용히 가져온다.

영미권 사람들의 대답은 (a). 우리도 시험문제라면 (a).

"Pass me the salt, please."

이미 중학교 때부터 배운 표현이다. 피 뚝뚝 교통사고를 당하고도 자동 발사된다는 "I'm fine. Thank you. And You?"만큼은 아니지만 머릿속에 잘 담아둔 이 표현. 하지만 실제로 이 말을 입 밖으로 내는 것이 우리로서는 쉽지 않다. 여차저차 그럴 경우가 생긴다 해도 입 꾹 다물고 몸소 나서서 가져온다. 왜 그런 걸까? 이런 지식과 다른 방식으로 살고 있기 때문이다. 우리의 생활방식에 따르자면, 밥 먹을 땐 남을 귀찮게 하면 안 된다. 필요한 게 있으면 말없이 조용히 몸소! 그게 '예의'고 '배려'라고 여기는 게 우리의 문화다.

하지만 영미권의 관점에서는? 그 배려와 예의가 '침범'이고 '무례'가 된다는 사실! 마치 남의 집 담장을 넘어 슬쩍 공을 꺼내오는 것과 같단다. 설마 정말 그렇냐고? 그곳의 아이들이 어려서부터 귀에 딱지가 앉을 정도로 듣는 소리가 있다.

"Don't reach past people at the dinner table!"

식탁에서 사람들을 가로질러서 뭘 집어오지 말라는 거다. 그들은 그렇게 개인과 개인 사이에 우리 눈에는 보이지 않는 금을 그어놓고 산다. 뭘 그렇게까지 할까? 우리들로서는 영 낯설다. 각박하고 야박하게 느껴지기도 한다. 오랜 세월 어우렁더우렁 한데 뒤섞여 살아온 삶의 관점에서 보면 그렇다는 것이다. 하지만 그들도 그들 나름의 방식대로 그렇게 살아왔고 살고 있다. 그들이 금과옥조처럼 여기는 personal space라는 불문율에 따라!

직접 소금통을 가져오는 대신 "Pass me the salt, please~"라고 말하는 것이 그들의 관점에선 예의고 배려인 이유다.

눈빛 강간

지하철에서 한 아저씨의 시선이 건너편 외국인 커플에 꽂혀 있다.

텔레비전 보는 것처럼 호기심어린 표정으로

대놓고 뚫어져라 쳐다보는 이 아저씨.

좀 오래 지켜본다 싶었는데 아니나 다를까,

그 커플 중 남자가 건너와서 아저씨에게 묻는다.

낮은 목소리지만 한 마디 한 마디에 잔뜩 불쾌한 감정이 담겨 있다.

"Why do you keep staring at us? Any problem?"

무슨 말인지 헤아리기도 전에 그 기세에 움찔하신 아저씨,

"아니, 난 그저…"

궁금하셨던 거다. 아무리 거리에 외국인들이 늘어났다 해도 여전히 낯선 모습, 낯선 언어. 그에 대한 호기심에 자신도 모르게 생판 모르는 남에게서 눈을 못 떼게 만드는 것일 게다. 게다가 그 아저씨는 어쩌면 속으로 '좀 볼 수도 있지, 내 눈 가지고 내가 좀 보겠다는데… 사람이 사람을 보는 게 뭐 그리 잘못된 일이라고?'라고 생각했을지도 모른다.

그런데 입장 바꿔 그런 시선을 받는 입장이 된다고 생각해보자. 누군들 유쾌할까? 특히나 상대가 '개인공간'에 대한 불문율이 엄중한 영미 문화권 출신이라면 영락없이 불쾌지수 업↑, 특히나 지하철 그 아저씨처럼 개인공간을 대놓고 장기 무단 침입한 눈빛은 더더욱 곤란하다. 자칫하면 '눈빛 강간visual rape'이란 비난을 면하기 어렵다.

한국문화 체험한다고 찜질방 갔던 외국인 친구도 한 마디 거든다. 샤워하는데 주위에 있던 사람들이 흘깃흘깃, 혹은 대놓고 자신의 몸에서 시선을 거두지 못하는데, 심히 불편하고 불쾌했다고. 그 이유가 무엇이든, 문화적 배경이 어떻든 간에 대개의 인간에게 낯선 이의 집요한 시선은 감당하기엔 너무나 불안하고 불편하고 불쾌하기 쉽다.

이어폰을 끼는 이유

What if?

당신이 이어폰을 사용하는 이유는?

(a) 남에게 방해 받지 않으니까   (b) 남들을 방해하지 않으니까

1979년. 소니 사에서 워크맨Walkman이 첫선을 보였다. 그때 이런 말이 나돌았다. 이제 인류는 세 가지 종류로 나뉜다고. 남자man, 여자woman, 그리고 워크맨walkman.

역사상 최초로 음악과 함께(?) 걸어 다니는 인류가 탄생한 것이다. 그리고 지금. 워크맨이 소개한 이어폰은 디지털 네이티브digital native들의 탯줄이 된 듯하다. '파란이빨Bluetooth'이라는 개성 넘치는 이름의 첨단기술 덕분에 이 탯줄도 점차 사라져가고 있지만…. 그런데 이 이어폰을 끼는 이유가 동서양이 다르다는 이야기를 들었다. 동양에서는 대체적으로 행여 남들에게 방해가 될까 봐 조심스런 마음에서 이어폰을 찾는 이들이 많단다. 공동체 속의 조화와 배려를 중시하는 문화적 성향이 엿보이는 대목이다. 반면 서양에서는 남들로부터 방해받고 싶지 않아서 이어폰을 낀다는 이들이 상대적으로 많다고…. 개인공간을 중시하는 문화라면 그럴 수도 있겠다 싶다.

한편, 최근 주목할 만한 현상이 나타나고 있다. 이름하여 I-Phone Space! Personal Space에 빗댄 신조어다. "이 정도 거리는 반! 드! 시! 지켜져야 해."라며 Personal Space에 관한 한, 한 치도 양보할 기색이 없던 그들이 그 안으로 남들을 받아들이는 일이 잦아졌다는 것. 어쩌다가? 이어폰을 끼고 음악을 듣느라고 혹은 스마트폰의 영상을 보느라고, 누가 다가오는지 누구에게 다가가는지 미처 신경 쓸 겨를이 없다 보니 점점 Personal Space의 보이지 않는 경계가 무너지고 있다는 것이다.

변태용 화장실 매너?

화장실에서의 매너. 안에 누가 있는지 확인하기 위한 행동으로 바람직한 것은?

(a) 문을 조용히 노크한다.　　(b) 문 밑을 살짝 들여다본다.

우리는 당연히 ⓐ '문을 노크한다'라고 생각한다. 하지만 영미권 사람들 가운데는 ⓑ '문 밑을 들여다본다'라고 생각하는 이들이 적지 않다. 허걱! 문 밑을? 우리 눈으로 보자면, 영락없이 '변태'인데? 그들에게 물어봤다.

돌아온 대답은 '청각적 개인공간personal audio-space'에 대한 배려란다. 여전히 갸우뚱 고개를 바로 세우지 못하는 내 모습을 보고 보충 설명이 이어졌다.

목하 중요한 볼일을 처리하고 있는 중인데 밖에서 손기척이 들리면 아무래도 신경이 쓰일 것 아니냐. 그래서 문 밑으로 살짝 들여다보면서 안에 사람 신발이 보이는지 확인하는 행동은 양쪽 모두에게 효과적인 것이다….

듣고 보니 그 말도 일리가 있긴 한데… 그래도 그런 상황에서 그런 행동을 하기는 쉽지 않을 듯하다. 여전히 변태 같다는 생각을 지울 수가 없으니까…

참고로 그 동네 화장실은 일부러 안에 있는 이들의 발이 훤히 보일 만큼 문을 짧게 단 경우가 많다. 안전을 위해서란다.

볼일 보고 있을 때, 노크소리에 대한 다양한 대답들
Yes. 네
in here. 이 안에 사람 있습니다.
Occupied. / Busy. 사용 중입니다
A little busy here. 여기 지금 좀 바쁘거든요. :)

노다지 플리즈

What if?

외국인 친구의 이야기를 듣고 있는데, 그의 웃옷에 머리카락이 붙어 있는 게
자꾸 신경이 쓰인다. 어떻게 해야 할까?

(a) 말없이 떼어준다   (b) 손끝으로 가리켜준다   (c) 언급하지 않는다

우리나라 대학에서 영어를 가르치던 미국인 강사의 경험담이다. 수업을 마치자 한 여학생이 다가와 질문을 하는 도중 벌어진 사건(?). 갑자기 그 여학생이 불쑥 가슴에 손을 대더란다. 흡! 뒤로 몸을 뺐지만 당황하긴 그 여학생도 마찬가지. 미국인 강사의 옷에 붙은 머리카락이 화근이었다.

아하. 그 여학생이 무슨 맘으로 그리 했는지 알겠다.

'머리카락 좀 떼어 주려던 것인데, 무얼 그리 놀라나? 사람 무안하게시리.'

이빨 사이에 낀 고춧가루야 도와주기 어렵지만 옷에 붙은 머리카락이나 실밥 혹은 검불 같은 것쯤이야 보고도 그냥 있으면 그게 더 야속한 거 아닌가? 본인은 모르는 것 같고, 남 보기에도 안 좋으니까 그리 했을 것이다. 그게 이곳에 사는 많은 이들의 마음이다. 그리고 그게 사람 사는 정이려니 여긴다.

하지만 개인주의 문화가 더 친숙한 이들에게는 그 의도보다 일방적인 터치가 먼저 보이는 모양이다. 그리고 그런 행동은 무례할 뿐만 아니라 때로는 위협으로 비쳐질 수도 있다. 자신의 공간을 지키고 남의 공간을 배려하는 것이 그 어떤 불문율보다 엄격한 그곳. 특히 '몸'이라고 하는 지극히 개인적인 공간에 주인의 허락도 없이 함부로 손대는 건, 사랑하는 연인 사이일지라도 용납하기 힘들단다. (124쪽 참조)

시장에서 구경하고 가라고 다짜고짜 옷자락을 잡아끄는 상인들, 귀엽다며 알지도 못하는 남의 아이 볼을 만지며 머리를 쓰다듬는 할머니, 배를 툭툭 치며 살 좀 빼라는 친구들⋯ 문화가 다른 그들이 털어놓는 한국에서의 당황스런 경험들 가운데 신체적 접촉에 대한 것들이 꽤 많은 이유다.

참, 그들에게 물어봤다. 앞서와 같은 상황에서 어떻게 하냐고? (b) 손끝으로 가리켜줄 수도 있겠지만, (c) 대개는 언급하지 않는 것이 일반적이라고 한다.

E - SPOT

touch phobia 신체 접촉을 두려워하는
touchy 화를 잘 내는, 민감한 cf. touching 감동적인
touchy feely 감정표현이 너무 적나라한, 우리가 말하는 그 '스킨십'을 좋아하는

초면에 호구 조사

미국인 남편과 한국식당을 찾은 후배의 이야기다. 마침 옆 자리에 효도관광 오신 한국 할머니 일행이 앉아 계셨다. 반가운 마음에 후배가 한국말로 "안녕하세요!"라고 인사를 건넸다.

그런데 그 인사가 할머니들의 호기심에 불을 댕겼던 걸까. 아니면 후배의 수더분한 인상이 할머니들의 마음을 무장해제시킨 걸까. 사이사이 미국인 남편의 눈치를 보면서 할머니들의 질문이 쏟아지는데…

"아니 어떻게 여기까지 와서 살게 되었수?"

"그래, 두 사람은 어떻게 만났고?"

"애는?"

아이가 없다는 대답에 이번엔 유독 말수가 없어보이던 할머니마저

"아니, 왜? 올해 몇 살인데?"

워~워~워~ 곤혹스러워진 후배는 결국 브레이크를 걸 수밖에 없었다고.

"왜요? 저에 관한 책이라도 쓰시려고요? 호호호"

그 할머님들 마음, 뭔지 알 것 같다. 특히나 타국에서 한국사람 만나면 꼭 헤어졌던 핏줄 만나는 것 같지 않은가. 게다가 딸 같아서 더욱 그러셨을 것이다. 그런데 궁금하고 걱정된 그 마음을 죽었다 깨어나도 이해 못할 사람들이 있다. 개인주의 문화에서 낳고 자란 이들, 주로 영미인들이다. 그들은 일상 곳곳에 그들만이 볼 수 있는 투명 페인트로 이렇게 적어놓은 듯하다.

M.Y.O.B! (Mind Your Own Business!)
(너나 잘하시고 남의 일엘랑 관심 꺼주시길!)

그런 그들을 급당황케 하는 한국인들의 초면 질문리스트가 있으니 주로 개인사personal affairs에 관한 것들이다. 예를 들면 "나이는…?"에서 시작해서 "학교는…?", "전공은…?" 그러다 조금 어색한 기운이 사라졌다 싶으면 "애인은?" 혹은 "결혼은?" 그 대답에 따라 "아니 왜?" 혹은 "가족은…?", "아이는…?"이란 질문이 기다리고 있다.
물론 그들 사이에서도 물어볼 수 있는 질문들이다. 단 친한 사이가 되면!
하지만 친한 사이가 된 뒤라도 지나치게 개인적인 질문은 알아서 삼가는 게 그들의 방식이다. 정서적인 개인공간에 대한 예의이고 배려이기 때문이다. 그들에겐 우리의 관심이 무례한 오지랖이거나 불쾌한 사생활 침해로 여겨질 수 있다는 점! 기억해두시길.

소리로도 침범하지 마라!

What if?

벽과 바닥을 이웃과 공유하는 아파트. 대략 밤 10시 이후에는
Quite time이다. 다음 중 되도록 삼가야 할 행동은?

(a) 세탁기 돌리기   (b) 진공청소기 돌리기   (c) 음악듣기

(d) 샤워하기   (e) 변기 물 내리기

전 국민의 70퍼센트 이상이 아파트에서 생활하는 우리에게 밤에는 ⓐ 세탁기 돌리기, ⓑ 진공청소기 돌리기는 이제 '몰상식'의 상식이 되었다. 볼륨을 크게 듣는다면 음악 감상도 민폐. 샤워도 마찬가지다. 모두가 잠든 시간, 배수관을 타고 흐르는 물소리는 어찌 그리 존재감 작렬인지! 하지만 아직까지는 윗집에서 밤늦게 샤워한다고 뭐라 하는 사람은 아직 못 봤다. 그랬다가는 "내가 내 목욕탕에서 몸 좀 씻겠다는데 누가 뭐래?"라는 결기 섞인 목소리가 건너올 수도 있으리라. 사실 그 목욕탕 벽이 그 집만의 벽이 아니고 그 목욕탕 바닥이 그 집만의 바닥이 아닐 텐데. 최근에 사회 이슈로 불거진 아파트 층간소음 문제도 어쩌면 내가 모르는 남, 우리가 아닌 남과의 동거가 마음으로는 아직도 익숙하지 않기 때문에 발생한 것은 아닐까? 모르는 아이가 뛰노는 소리는 영 시끄럽지만, 아는 아이가 뛰노는 소리는 덜 시끄럽게 느껴지는 것도 어쩌면 우리와 남의 심리적 경계 때문이리라.

나의 개인공간을 지키고 남의 개인공간을 배려하는 서양 사회에는 "소리로도 침범하지 마라."는 불문율이 있다. Quite time, Quite hour. Quite zone을 알리는 팻말이 여기저기 걸려 있는 이유다. 유별나게 조목조목 엄격하고 세세한 그곳의 공공주택 생활규칙에는 그래서 소리와 관련된 것이 많다.
공공장소에서도 마찬가지. 예를 들면 멀리 있는 누군가를 큰 소리로 부르는 행동은 금물이다! 만일 그랬다가는 주변 사람들이 놀라 뒤돌아볼 거고, 위급한 경우로 오해할 수도 있다. 무엇보다 일단 시끄러우니 절대 금지.

하긴 누군들 어딘들 소음이 반갑겠나. 그래도 여행 중에 만나는 그들의 소위 Quite Time 규칙 가운데 몇몇 경우는 좀 잔인하다 싶을 정도. 샤워는 그렇다 치더라도 변기 물도 못 내리게 하다니 말이다! (스위스의 게스트하우스에서 직접 겪었던 일이다. 그땐 정말 미치는 줄…)

E - SPOT

noise 원치 않는 소리 cf. unwanted sound
white noise 생활 속에서 불가피하게 발생하는 소음들
flushing 변기 물내리기 cf. Flushing 뉴욕 퀸즈 지역의 한인들이 많이 사는 동네 이름

애기야~ 가자!

한 때, 이곳 여인들의 마음을 뒤흔든 TV 드라마가 있었다.

"저 남자가 내 남자다! 저 남자가 내 애인이다! 왜 말을 못하냐고!"

그런데 그 장면이 내 친구 신디의 눈에는 다르게 보였나 보다.

고개를 갸우뚱거리며 묻는다.

"저 남자 주인공이 한 행동. 갑자기 여자 주인공 손을 낚아채서 끌고 나오는 저, 저 행동 말이야. 한국 드라마엔 어찌 그리 자주 보이는 거야? 저래도 괜찮은 거야?"

괜찮은 정도가 아니다. 상남자 포스 풀풀~ 제대로 어필했다고나 할까. 그러니 판박이 장면들이 그 뒤로 숱하게 등장했던 거지. 마치 '사랑한다면 이 남자처럼!'이라고 말하듯.

이런 박력있고 '터프한' 행동들이 우리 멜로드라마에는 단골처럼 등장하고 있다. 손을 잡아끄는 건 그나마 약과. 박력 과다한 자세로 짝사랑해온 여자를 벽에다 밀어놓고 기습키스를 하는가 하면, 다그치듯 묻기도 한다.

"얼마면 돼?"

이제는 멜로의 클리쉐가 된 이런 장면들. 그런데 내 친구 신디 같은 영미권 언니들에게는 대책 없는 마초남 혹은 용납할 수 없는 폭력남으로 보일 때가 많단다. 억울한 마음에 "사랑해서 그런 건데? 왜?"라고 되물었더니 그들 눈에는 사랑 이전에 사람에 대한 예의가 아니라는 거다. 함부로 거칠게 몸에 손대는 거 말이다.

그렇게도 보이는구나. 내 눈엔 내심 부럽게만 보였는데….

He jerked her by the hand. 그 남자는 갑자기 여자의 손을 홱 잡아당겼다.
He grabbed her violently. 그는 그녀를 거칠게 잡았다.
A man who macho it out is her pet peeve. 마초같이 행동하는 남자라면 딱 질색인 그녀인데.

종교가 뭐예요?

"What's your religion?"(종교가 뭐예요?)

"I'm not religious. But spiritual."

비행기 안에서 나란히 앉게 된 영국 할아버지와의 대화다. 내가 묻고 할아버지가 대답했다. 뭔 대답이 이럴꼬? 기독교, 천주교, 불교, 이슬람교, 아니면 배화교라도 종교가 있으면 그 이름을 대고 아니면 없다고 하면 될 것을. not religious는 뭐고 but spiritual는 또 뭐란 말인가!

"What's your religion?" 우리가 아무렇지도 않게 묻는 이 질문 또한 개인 주의 문화권에 사는 사람들에게는 '절대 혹은 되도록 묻지 말아야 할 사적인 질문'이란다. 거참, 가리는 것도 많지. 친한 사이일수록 종교나 정치를 주제로 말 꺼내는 거 아니라는 이야기는 들었어도. 아니 '종교가 뭐냐?'고 묻는 게 뭐 어때서?

"What's your religion?"이라는 질문 밑바탕에는 은연 중 '종교는 당! 연! 히! 가지고 있을 것'이라는 근거 없는 전제가 깔려 있다. "네가 즐겨 신는 신은 어느 브랜드냐?"고 묻는 것처럼 우리에게는 "네가 믿는 신은 누구니?"라고 묻는 게 자연스럽다. 불교와 유교, 기독교. 전통적으로 늘 종교와 밀접한 생활방식을 지녀온 까닭이다.

서양 사회 역시 종교와 밀접했던 시기를 거쳐 왔다. 하지만 근대 이후 개인 주의가 주된 사고방식으로 자리하면서 '종교'는 사회의 전제가 아니라 개인의 선택이 되었고, 그들은 그 선택을 인정하고 존중하기로 서로 굳게 약속했다. "종교가 뭐냐?"는 질문이 불편하게 들릴 수도 있는 것은 바로 그 때문이다. 자칫 '종교를 갖지 않을 수 있는 자유'를 선택한 개인의 권리를 심리적으로 침해할 수도 있다는 것이다. 설사 특정 종교를 선택했다 해도 그것은 어디까지나 사적인 생활 영역. 한 마디로, "None of your business!"라는 거다.

P.S.

그런데 앞의 영국 할아버지가 말한 not religious, but spiritual은 무슨 뜻일까? 교회나 성당 혹은 절에 나간다든지 하는 종교 생활은 안하지만, 정신적인 성숙이나 성장을 도모하는 데는 관심도 많고 노력도 하고 있다는 의미라는 게 그 친절한 할아버지의 설명이었다.

뭐라고 부르오리까?

알버트 공 : 로그 박사, 그럼 이제 나를 치료하기로 한 거요?

로그 박사 : 치료받기를 원하신다면…. 그리고 편하게 라이오넬로 불러주시기 바랍니다.

알버트 공 : 난 로그 박사 쪽이 더 편한데…….

로그 박사 : 전 라이오넬로 불리는 게 더 좋습니다만. 헌데, 어떻게 불러드려야 할지….

알버트 공 : 물론 알버트 공이라 불러야지! 뒤에 각하까지 붙여서…….

로그 박사 : 여기서는 굳이 그렇게까지 격식을 따지는 것보다… 이름이 어떻게 되시죠?

알버트 공 : 알버트 프레더릭 아서 죠지 왕자

로그 박사 : 그럼 버티Bertie가 어떨까요?

알버트 공 : (얼굴을 붉히며) 그건 오직 내 가족만이 부르는 이름이옷!

– 영화 〈킹스 스피치King's Speech〉 가운데

영어에 on a first name basis라는 표현이 있다. '이름을 부를 만큼 친한 사이'라고 사전에 나와 있다. 하지만 상대적으로 격식을 따지지 않는 그들의 문화에서는 사석은 물론 비즈니스 등 공식적인 자리에서조차 우리가 생각하는 '친한 관계'가 아니어도 서로 이름을 부르는 경우가 흔하다. 단, 그리 하기로 합의하거나 그리 불러도 좋다고 허락한 다음에!

그런데, 한 가지! 이름을 부른다는 것과 애칭pet name을 부른다는 것은 그들에겐 또 다른 이야기인 모양이다. 애칭을 '관계의 개인공간private zone'이라고 표현하는 미국인 친구의 말이 떠오른다. 정치인이나 연예인의 경우 대중적 사랑을 얻기 위해 애칭을 본명처럼 사용하기도 하지만, 일반인의 경우 대개는 공적인 영역public에서는 주로 성을, 사회적인 영역social zone에서는 주로 이름을 부르고, 애칭은 지극히 사적인 영역private zone 혹은 친밀한 관계intimate zone에서만 사용한다고 한다.

예를 들어 버락 오바마 대통령의 경우 Mr. Obama → Barrack → Barry / Bar. 하지만 가족들에게도 베리Barry가 아닌 버락Barrack으로 불리길 바랐던 오바마 대통령[2]처럼 애칭보다 이름을 선호하는 사람이 있는가 하면, 처음 만나는 이에게 윌리엄Willam 대신 빌Bill이라는 애칭으로 불러달라는 이들도 있다. 그런 걸 보면 호칭의 매뉴얼을 준수하기보다 역시 상대에게 직접 물어보는 게 가장 정확할 듯싶다.

"What name do you prefer to be called?"

(어떤 이름으로 불러드릴까요?)

P.S.

우리에겐 거의 욕, 그들에겐 애칭인 말들이 있다. 예를 들어 '호박pumpkin'. 주로 아빠가 어린 딸들을 사랑스러워 못 견디겠다는 듯 부르는 애칭이다. '여우fox'도 마찬가지. 우리는 '교활' 혹은 '내숭'과 동의어로 들리지만 영미권 문화 여자들에겐 특급칭찬이다. 섹시하고 매력적이고 사랑스러운 여자라는 뜻이니까!

공개 양치질을 바라보는 두 개의 시선

한국에 살고 있는 다양한 국적의 외국인들이 한국문화를 체험하는 내용을 다룬 TV 프로그램이 있었다. 일상에서, 일터에서, 도시에서, 시골에서 다채롭고 폭넓게 체험을 한 그들이 한 자리에 모여 소감을 나누는 장면. 한국의 직장생활을 체험한 한 여자 출연자의 차례다.

"점심식사를 마치고 화장실에 갔는데, 글쎄… 세면대 앞에서 여직원들이 한데 모여 수다를 나누고 있는 거야, 양치질을 하면서!"

그 이야기를 듣던 다른 외국인 친구들이 고개를 절래절래 흔들며 이구동성으로 하는 말.

"Oh, no~!"

why not?

치질도 아니고, 양치질인데 그게 왜? 서양인의 관점에서 양치질은 남들이 보지 않게 치러야 할 지극히 사적인 의식이라는 것. 다시 말해 오픈된 공공장소에서 공개적으로 할 행위는 아니라는 것이다. 마치 화장실 문 열어놓고 일을 보며 이야기를 나누는 것이 이상한 것처럼 말이다. 아니 그게 어떻게 거기다 갖다 붙일 일인가? 그것이 그토록 우웩~스러운 장면이라고?

우리가 만일 양치질을 거시기한 것으로 여겼다면 TV 광고 중에 김연아 선수가 입에 치약거품을 물고 카메라를 향해 뭐라고 뭐라고 우물거리던 장면은 있을 수 없는 일이었을 것이다. 하지만 오히려 많은 사람들이 그 광고를 보면서 "아이고 사랑스러운 우리 연아♥. 양치질하는 모습도 어쩜 저리 예쁠까!" 하지 않았는가 말이다.

말이 나온 김에, 많은 외국인들 눈에 말은 안 해도 보기에 심히 불편한 장면이 또 있단다. 한국인 동료들이 책상 위에 떠억~하니 올려놓고 쓰는 칫솔통. 우리에게는 너무나 깔끔하고 자연스러운 그것이 그들 눈엔 영 거시기하게 보인다는 거다. 거참…

하긴 누군가에겐 당연하고 자연스러운 일이 누군가에겐 낯설고 당황스럽게 보인다는 사실이, 어디 이것뿐이랴!

Ewwww, gross! 으으윽, 역겨워!
I totally want to barf just thinking about it. 생각만 해도 토 나오려고 해.

도대체 Personal Space가 뭐길래?

"No 'personal space' in Korea!"

이 말에 격하게 공감을 표시하는 외국인 친구들이 꽤 많다. 개인적인 체감지수로는 '거의 다'라고 말하고 싶을 만큼 "한국, 정말 좋지만 제발 이것만은!", "이것 때문에 고향이 그리질 정도"라고 하니 그들의 문화적 충격이 생각보다 심각한 것 같다. 도대체 그들이 말하는 소위 Personal Space(개인공간)라는 게 뭐길래 그럴까?

짧게 말하자면 일상생활 속에서 무의식적으로 자신의 영역이라고 여기는 물리적·심리적 공간을 말한다. 남들이 그 안으로 들어오면 불안해지나 불쾌해지는 공간이다. 눈에 보이진 않지만 어떤 국경보다 민감한 경계선이 그어져 있다. 그런데 그런 공간이 한국인에게는 없다고? 그럴 리가.

어느 사회든 어떤 문화든 그런 공간이 없는 곳은 없다. 인간의 본성이기 때문이다. 지하철에서 되도록 남들로부터 멀찌감치 떨어진 자리를 골라 앉고 (골라 앉을 수만 있다면!) 엘리베이터 안에 누군가 들어서면 한쪽으로 비껴서고 그러는 거, 따지고 보면 무의식적으로 남들과의 심리적 안전거리를 확보하기 위해서다. 다만 그걸 따로 이름 지어 부르지 않을 뿐, 우리 역시 마찬가지였던 것이다. 그런데 "No personal space in Korea!"이라니? 왜 그들은 그렇게 느낀 걸까?

그들에게 익숙한 기준, 익숙한 관점에서 말하는 personal space가 없으니 아예 없는 걸로 생각한 것일 게다. 사람마다, 문화마다, 상황마다 관계마다 달라질 수 있는 기준이 있다. 생각해보라. 누군가 가까이 다가오는 것에 대해 어떤 사람은 상대적으로 더 예민하고 또 어떤 사람은 꽤 무던하다. 어떤 문화는 상대적으로 더 인색하고 또 어떤 문화는 비교적 너그럽다. 어떤 상황은 상대적으로 너그럽고 또 다른 어떤 상황은 영 여의치 않다. 그 기준에 따라 한 뼘 거리일 수도 있고 양팔 간격일 수도 있다. 마음마다 정서마다 다르다는 말이다. 딱 이만큼이라 할 절대 기준이 있을 리 없다. 다만 자신의 기준보다 가깝게 다가서면 '무례하게 들이대는' 걸로 보일 테고 자신의 기준보다 멀리 떨어지면 '무정하게 거리 두는' 걸로 여겨질 것만은 분명하다.

때는 바야흐로 글로벌 시대. 낯선 문화, 낯선 사람 사이일수록 그런 줄 몰라서 생기는 오해가 잦을 수밖에 없다. 또 그런 줄 안다 해도 오래된 마음의 습관 때문에 생기는 불편함은 웬만큼 익숙해지지 않고서는 쉽게 사라지지 않는다. 하지만 적어도 불쾌한 오해는 피할 수 있을 테니, 나와 다른 그 상대는 어떤 기준의 personal space에 익숙한지 들여다보고 챙겨볼 일이다.

그럼 일단 영어 문화권의 personal space 기준부터 알아볼까. 대략 팔을 쭉 펴서 몸을 중심으로 그리는 원 만큼이 그들에겐 편안하고 안전하게 느껴지는 공간인 듯하다. 특히 개인주의 가치관을 지닌 이들에게는 보이지도 않는 이 선이 세상 그 어떤 국경보다 경계가 삼엄하고 침범에 대한 처벌이 준엄하다. 대화는 언제나 그쯤 떨어져서 "플리즈~!" 남은 물론 친구나 가족도 그래야 마음이 편안할 정도란다. (요즘엔 I-phone Space로 인해 그 경계가 무너지는 경우도 많지만. 111쪽 참조) 그러니 너무 가까이 들이대며 말하는 사람close talker이 그들에겐 호환마마보다 무서울 밖에!

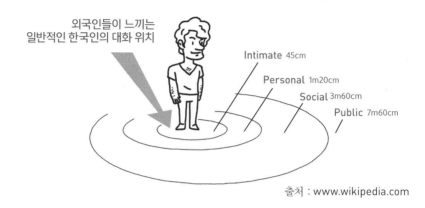

외국인들이 느끼는
일반적인 한국인의 대화 위치

Intimate 45cm
Personal 1m20cm
Social 3m60cm
Public 7m60cm

출처 : www.wikipedia.com

그런데 그게 또 물리적인 공간 이야기만은 아닌 것 같다. 초면에 꼬치꼬치 개인사를 캐묻는 당혹스런 질문. 좋게 말하자면 TV 연속극 보듯, 나쁘게 말하면 동물원 원숭이 보듯 노골적으로 쳐다보는 눈빛. 주변에 마치 자기들만 있는 듯 시끄럽게 들려오는 목소리. 예고도 없이 허락도 없이 불쑥불쑥 몸에 닿는 손길···. 전 방위에서 들이대는 한국 사람들. 도대체 왜 그러는 거냐고 그들이 곤혹스럽게 묻는다. 글쎄요, 그게··· 저··· 음, 그러니까··· 정말 우리가 왜 그러는 걸까요? 둘 중 하나 아닐까 싶다. '왠지 남 같지 않아서!'라는 다정한 마음 때문에, 혹은 '우리랑 상관없는 남이니까!'라는 무심한 마음 때문에. 아니면 우리 스스로도 모르는 다른 이유라도 있는 걸까?

우리나라에서 '우리'와 '남'의 경계는 그곳에서의 personal space만큼, 아니 그보다 더 준엄해 보인다. '우리'는 모든 걸 나누고 모든 게 나와 똑같다고 여겨지는 '큰 나' 그 바깥에 '남'이 있다. 신경 써줄 일 없는 부정적이고 배타적인 존재. 그래서 '남만도 못한'이라는 말을 듣는다는 것은 불쾌한 경험이다. 반면 '왠지 남 같지 않아서!' 하는 언행은 상대에 대한 우호적 관심이고 애정이 된다. 일단 '우리' 안의 울타리에 들어온 멤버에게는 무한 관심과 자발적 배려의 혜택이 주어지기 마련. 어떤 이는 오지랖이고 간섭이라고 하겠지만 그야말로 close friend라고 생각하니까 close talker가 되어주는 건데 그런 것도 모르고, 아이 참!

간혹 '그렇다 치고, 고작 한두 번 만났을 뿐인데 당신과 내가 벌써 우리라고?'라고 갸우뚱거리는 외국인들도 있다. 옷깃만 스쳐도 인연으로 알고 고향이 같거나 졸업한 학교만 같아도 금세 '우리'로 쳐주는 게 이곳의 정서임을 몰라서 하는 소리다. 암튼 우리로서는 답답하고 억울할 수도 있는 일. 하지만 어쩌겠나? 목표가 시비를 가리는 게 아니라 소통을 이루는 것이라면, 그런 마음 너머 '나와 다른' 상대를 살피는 것부터!

Part 3

에둘러 다가가는 언어
vs
곧바로 다가가는 언어

가고 있다니까!

What if?

이크! 중요한 계약 미팅에 늦었다. 먼저 와서 기다리던 외국인 클라이언트가 전화를 해 어디냐고 묻는다. "죄송합니다. 지금 가고 있습니다!"라고 대답하려는데, 영어로는?

(a) Sorry. I'm going!　　(b) Sorry. I'm coming!

당연히 (b) Sorry. I'm coming!

하지만 입은 걸핏하면 I'm going!이라고 말하기 일쑤. 왜일까? 몸에 밴 오래된 습관은 머리에 담아놓은 지식보다 고집이 세기 때문이다. 그러나 그랬다가는 전화기 너머로 "going where?"라는 당황한 듯 황당해하는 클라이언트의 질문과 함께 계약은 물 건너갈지도 모를 일이다.

알다시피 영어 go의 목적지는 대화 당사자들이 있는 곳이 아닌 제3의 장소를 의미한다. 내 몸 있는 곳이 아닌 장소를 향할 때는 언제나 '가다'라고 말하는 우리와는 다르다. 외국어로 대화할 때 가장 중요한 것은, 두뇌로만 하는 것이 아니라 기분도, 태도도, 정서도 그 말을 하는 문화에 맞춰야 한다는 일본 노학자의 말이 생각하는 대목이다.

P.S.

그나저나 약속시간에 안 나타나는 상대에게 전화로 "어디냐?"고 묻는 질문에 어찌 그리 많은 사람들이 "가고 있다."고만 대답하는 건지! "그러니까, 지금 어디쯤 오고 있는 거냐고?" 되물어도 돌아오는 대답은 한결같이 "가고 있다니까!" 그 대답에서 꿈쩍도 않는다. 허, 나 참! 정확히 어디쯤인지 말을 해야 얼마나 더 기다려야 하는지 각오나 하고 있을 것 아닌가?

언제 밥 한번 같이 먹자

길에서 우연히 마주친 미국인 동료. 반가운 마음에 짧게 이런저런 근황을
나누고 아쉬운 마음에 '언제 밥이나 같이 먹자'고 하려는데, 이걸 영어로 하
면 어떻게 될까?

(a) Let's get together for a meal or something.

(b) See you next time.

인터넷에 올라온 이 질문에 대한 답은 대개 ⓐ로 모아졌다. 하지만 someday 도 없이 그렇게 말했다간 "When?"이란 질문이 바로 이어질지 모른다. 그 말이 우리에게는 "See you next time!"과 같은 인사이지만 영어는 '밥 먹자' 하면 '밥 먹자'는 걸로 알아들을 확률이 높은 언어이기 때문이다. 상상해보라. 만일 "언제 밥 한번 먹자."고 말했는데 상대가 "언제?"라고 묻는다면… 음, 그게… 그러니까… 땀 삐질. 사실 꼭 그래야겠다고 생각하고 한 말은 아니라… 그럼 빈말? 아니라고는 말 못하겠다. 헤어질 때 "전화할게." 쇼핑할 때 "한 바퀴 돌아보고 올게요."도 마찬가지다.

이곳이나 그곳이나 일상 속에서 만나고 헤어질 때 주고받는 인사말들을 보면, 워낙 자주 반복된 까닭인지 이제는 '영혼 없는 인사치레' 혹은 '빈말'로 느껴질 때가 많다. 하지만 그 말들이 그저 텅 빈말이기만 한 걸까? 어쩌면 그 안에는 들리지는 않지만 느낄 수 있는 말로 가득할지 모른다. 가령 짧은 순간이라도 서로를 챙기려는 마음, 혹은 자신이 그런 사람이라는 걸 느끼게 해주고 싶은 마음이 담긴 말. 더군다나 '정'에 죽고 '정'에 사는 문화라면! 찬 바람 쌩~ 돌아서고 무 자르듯 딱! 끊는 것은 너무 야박하게만 여겨지리니. 우리의 이 '빈말' 습관은 쉽게 사라지기 어려울 듯하다.

P.S.

아참, 어느 재야 연구소에서 조사를 했단다. 한국인들이 "언제 밥 한 번 같이 먹자!"고 할 때 그 '언제'가 정확인 언제인지. 결과는?

언제 시간되면 알려드리겠단다. :)

E - SPOT

see you real soon. 진심 곧 다시 보자.
see you around. 오다가다 종종 보자.
see you later. 나중에 또 보자.
see you next time. 언제 또 보자. 이때 next는 완곡한 거절용 Maybe next time의 그 next일 수도. 영영 오지 않을지도 모를 '다음'말이다.

네 번의 '거시기'와 한번의 '머시기'

#1

백제 계백 : "우리의 전략적인 거시기는 머시기헐 때까지 갑옷을 거시기 헌다. 긍게 거시기…"

#2

신라 암호해독관 : "마, 계백이가 한 말 중에는 총 네 번의 거시기와 한 번의 머시기가 쓰였는디…."

걸죽한 입담으로 대박을 친 퓨전코믹사극 〈황산벌〉의 대사다.
이때 '거시기'와 '머시기'를 각각 영어로 표현한다면?

'거시기'와 '머시기'를 영어로 어떻게 하냐고? 헐~ 저 장면에서 '거시기'와 '머시기'가 정확히 뭘 말하는 건지, 그 둘의 용법이 어떻게 다른 건지도 모르겠는 마당에 그걸 어찌 알겠는가. 특히 그 '거시기'라는 말이 그렇다. 어디 영화뿐이랴. 일상 속에서도 툭 하면 거시기다.

"어이, 거시기… 거시기 봤어?"

"거참 거시기헌 양반 같으니라고! 작년에 거시기 했잖아요!"

마치 60여년 세월을 같이 살아온 부부 사이에서나 통할 것 같은 이런 대화법이 의외로 우리 주변에서도 자주 들린다. 도대체가 그 '거시기'라는 게 정확히 뭘 말인가? 우리말이 분명한데도 당사자들이 아니고서는 짐작조차 할 수 없을 때가 많다. 그도 그럴 것이 거시기라는 게 '당사자들끼리만 알고 있는 어떤 것'을 가리키는 말이니까! 의외로(!) 표준어인 '거시기'에 대해 국립국어원의 표준국어대사전은 다음과 같이 설명하고 있다.

거시기 [Ⅰ]「대명사」이름이 얼른 생각나지 않거나 바로 말하기 곤란한 사람 또는 사물을 가리키는 대명사.
[Ⅱ]「감탄사」하려는 말이 얼른 생각나지 않거나 바로 말하기가 거북할 때 쓰는 군소리.

하지만 일상에서는 대명사인 감탄사 말고도 대동사 혹은 대형용사로서의 거시기 용법이 있다.

"네가 거시기하는 걸 보면, 내 마음이 참 거시기하다."

말하기 곤란할 때, 말문이 막힐 때 우리는 이렇게 시도 때도 없이 거시기를 내뱉는다. 특히나 너무 직설적으로 표현하고 싶지 않을 때, '거시기'는 무소불위의 말이고 만병통치 약이다.

상대적으로 영미권 사람들은 우리보다는 직설적으로 표현한다. 하지만 그들에게도 말하기 곤란하거나 말문이 막히는 상황이 왜 없겠는가. 그럴 때 그들 역시 우리의 '거시기', '머시기'에 준하는 말을 데려다 쓴다. 가장 흔한 표현으로는 stuff와 whatchamacallit이 있다. 딱 '거시기'고 '머시기'다.

P.S.
언젠가 한국말을 엄청 잘하는 미국인이 다음과 같은 말을 한 적이 있다.
"한국 사람이 stuff를 이해하면 미국 사람 다 된 거고, 미국 사람이 '거시기'를 이해하면 한국 사람 다 된 거다."

E - SPOT

whatchamacallit(=what you might call it) 이름이 생각나지 않을 때 '거시기'
stuff 에둘러 표현할 때, 뭉뚱그려 표현할 때, 단어가 생각나지 않을 때 '거시기'
 cf. hot stuff 애인, 잘 팔리는 물건 / green stuff 채소류
stuffed turkey 추수감사절에 먹는 칠면조 요리. 다양한 재료로 속을 채운다.
stuffy (날씨가) 후덥지근한, (성격이) 고리타분한, (공간이) 곰팡내가 나는, (코가) 꽉 막힌

조용필은 언제 나오려나

한 주부가 인터넷 사이트[1]에 올린 남편의 이야기

미국인 의사 : How much do you weigh?

(몸무게가 얼마입니까?)

한국인 남편 : When I was in korea, I was a basketball player, so I exercised a lot. At that time I was ×× pounds, but after I got married, my wife is such a good cook, so I enjoyed it a lot hahaha. That's why I got overweight. So I'm now ×× pounds.

(제가요 한국에 있을 때만 해도 농구선수였거든요. 그때만 해도 운동을 꽤 많이 해서 ××킬로그램밖에 안 나갔는데… 그게 참… 워낙 요리솜씨 좋은 아내와 결혼하고 나서는 하도 먹는 걸 밝히게 되다 보니… 이렇게 과체중이 됐지 뭡니까. 하하하. 지금은 뭐 ××킬로그램까지 나가는 거 같습니다만…)

미국인 의사가 알고 싶은 것은 환자의 현재 몸무게. 그러니 그저 "I'm XX pounds." 하면 족할 일이었다. 그런데 똑똑하기로 소문난 남편이 왜 저렇게 답답한 화법으로 말하는지 모르겠다고 부인은 덧붙인다. 어디서 많이 본 듯한 이런 상황, 정말 왜 그런 걸까?

영어는 대체로 용건으로 직진하는 대화방식을 선호한다. 되도록 짧고 명확하게! 상대에게 전하고 싶은 내용 혹은 상대가 알고자 하는 내용을 전진 배치한다. 중요한 건 '사실'이라고 생각하기 때문이다. 나중에 부연설명을 덧붙이더라도 말이다.

반면 사실보다는 그 배경에 더 관심이 많은 우리의 정서. 그래서 대화방식도 배경 설명으로 시작해 말문을 여는 경우가 많다. 단어의 정확한 의미는 문장 속에서 비로소 명확해지듯이 우리나라 사람들은 사실 또한 맥락 혹은 배경을 알아야 제대로 파악할 수 있다고 생각한다. 그것도 미괄식으로!

하지만 영미권 사람들에게는 언제까지 기다려야 듣고자 했던 용건이 등장할지 모르는 이런 방식이 익숙지 않다. 게다가 성미가 좀 급한 사람에게는 동문서답도 이런 동문서답이 없는 것이다.

beat around bush. 빙빙 돌려 말하다. / 변죽만 울리다.
get right to the point. 바로 용건으로 들어가다.
to cut corners. 거두절미하고

yes but no?

이탈리아에서 시집온 며느리 크리스티나가 한국인 시어머니에게 물었다.

"어머니, 우리 파스타 해먹을 건데, 같이 드실래요?"

이때 시어머니의 대답. "아니다. 됐다." 그 의미는?

(a) 먹고 싶지만 빈말일지도 모르니, 일단은 사양하마.

(b) 고맙지만 사양할란다. 지금은 먹고 싶지 않구나.

"Yes" or "No"?

영미권 사람들끼리 하는 말이 있다. 한국에서는 "Yes means No! No means Yes!"라고. 그들은 이곳에는 준다고 단번에 덥석 받는 걸 경박하다고 여기는 정서가 있다는 걸 모르는 것이다.

공동체 속의 조화를 추구하며 겸손과 배려를 장려하는 게 우리의 문화다. 그 문화에 익숙해진 언어습관은 에둘러 표현하고 삼세번 청하고 삼세번 사양하는 게 당연하다. 그래서 "아니다. 됐다."라고 한 시어머니 마음을 우리는 안다. 한 번 더 물어주면 "괜찮다." 하고 마지막으로 한 번 더 물어주면 "정 그럼 어디 한 번…" 못이기는 척하고 식탁에 앉으셨을지도 모른다.

하지만 서양 며느리야 어디 그런가! 물어봤는데 아니라고 대답했으니 아닌 줄로만 알밖에. 다행히 이 집 며느리는 오랫동안 함께 생활하다 보니 이제는 돌려 말씀하시는 시어머니의 진심을 읽을 줄 알게 되었다고 한다. 그 시어머니도 이제는 Yes는 Yes, No는 No로 말하는 데 익숙한 서양 며느리의 대화 방식과 많이 친해지신 눈치다. 서로 간에 낯설어서 불편했던 차이는 차츰 그렇게 관계의 늘품에 디딤돌이 되어주기도 한다.

tell it like it is. 있는 그대로 말하다.
call a spade a spade. 자기 생각을 있는 그대로 말하다.
straight shooter. 정직하고 고지식한 사람. 혹은 곧이곧대로 말을 하는 사람.

but의 앞뒤,
진심은 어디에 있는 걸까

누군가 "No offence, but…"으로 말문을 연다면, 그 의미는 무엇일까?

　(a) 말하긴 불편하지만 네가 꼭 알아야 할 것 같아서…

　(b) 내 말이 무례하게 들린다면 용서하길 바라네만…

의도나 명분에 가중치를 두는 개인이나 문화라면 그 의미를 ⓐ 말하긴 불편하지만 네가 꼭 알아야 할 것 같아서… 쯤으로 여길 가능성이 높다. 나름대로 정의감 혹은 사명감의 발로라고 생각한다. 그러다 보니 중독성 있는 이런 말투, 고칠 이유도 고칠 생각도 없으니 쉽사리 사라지질 않는다.

반면 결과나 영향에 가중치를 두는 개인이나 문화에서는 ⓑ 내 말이 무례하게 들린다면 용서하길 바라네만… 의 의미로 사용된다. 그리고 남의 일에 간섭하는 걸 아주 후진 짓으로 여기는 경우에도 마찬가지. 그럼에도 불구하고 그런 동네에서도 의외로 많은 사람들이 이런 언어습관에서 쉽게 헤어나오지 못한다. 홍시맛이 나서 홍시맛이 난다고 말하는 어린 장금이처럼 있는 그대로, 느끼는 그대로 '정직이 최선의 정책'이라고 믿으니까? 암튼 이렇게 운을 떼는 말들은 귀를 쫑긋 세우는 힘이 있는 것 같기는 하다. 하지만 동시에 양미간을 찡그리게 하는 힘도 발휘한다.

누군가 그런 말을 한 적이 있다. "내 말 고깝게 듣지 말길 바라…"라고 운을 떼는 말은 99.9퍼센트 필시 '고깝게 들릴 말'이라는 것. 하긴 영어에서도 같은 생각을 하는 사람들이 있는 모양이다. 누군가 입 밖으로 No offence but…이라고 하는 순간, 상대의 귀는 그 말이 이렇게 들린다고 한다.

"No offence but I'll offend you from now on."

(네가 고깝게 듣지 않았으면 좋겠는데, 지금부터 내가 고까운 말 좀 하려고.)

마치 술을 먹고 운전은 했지만 음주운전은 아니라고 주장하는 말투 같지 않은가? 말은 해야 내 속이 시원하겠고 욕은 먹고 싶지 않을 때 우리나 그들이나 이런 표현을 쓴다.

No offense taken. 고깝지 않아. 기분 나쁘게 듣지 않을게.
Totally offended. 고깝게 들리거든.
Don't take it personally. (너한테 유감 있어서 하는 말 아니니 지금부터 하는 말) 오해하지 말고 들어.

눈치껏 알아서

눈치껏 알아서 하겠거니 생각했단다. 놀러간 친구 집에서 자고 오겠다는 딸의 전화를 받고 처음엔 알아듣도록 조곤조곤 타일렀던 이민 1세대 아버지. 그러나 그곳에서 낳고 자란 딸은 "다 큰 가시내는 밖에서 자면 안 된다."는 아버지 말씀에 한 마디도 지지 않고 따박따박…

화가 치민 아버지는 격앙된 목소리로 한 마디 하고 전화를 일방적으로 끊었다.

"모르겠다 난! 네 맘대로 하든가- 말든가-"

'말든가!'를 힘주어 말했으니 눈치껏 알아서 들어올 줄 알았단다. 하지만 딸은 '네 맘대로 하라'는 아빠 말에 따라 지 맘대로 다음날 아침 들어왔다고. 그것도 아주 해맑은 얼굴로 당당하게.

"Dad, I'm home!"

'눈치'를 영어로 하면? tack? sense? wit? hunch? 혹은 face-reading? mind-reading?

'한恨'이니 '정情'이니 하는 말 만큼이나 적당한 영어 찾기가 어려운 말 가운데 하나가 '눈치'다. 사람 모여 사는 어딘들 '눈치' 없는 곳이 있겠는가! 하지만 문화나 상황에 따라 그 뉘앙스도 다르고 강도도 천차만별이다. 위아래가 엄연하고 집단의 조화가 중시되는 한국사회. 게다가 말수는 적고 그 적은 말들마저 에둘러 표현하는 통에 눈치는 반드시 갖춰야 할 미덕이고 닦아야 할 필수 생존술이자 처세술이다. 안 그러면? '눈치가 발바닥'이라는 핀잔을 면하기 어렵다. 그런 사회에서 낳고 자란 아버지의 눈에 딸이 딱 그렇다. 하지만 딸이 자란 미국 사회는? 자기 의사를 자유롭게 그리고 명료하게 밝히라고 가르치고 또 그렇게 행하는 곳. 아무래도 아버지식 눈치코치coach(?)가 잘 먹히지 않는 것 같다.

P.S.

'눈치'를 사전에서 찾아보니 이렇게 정의되어 있다.

'남의 마음을 그때그때 상황을 미루어 알아내는 것'

그렇다면 '눈치'와 '공감'의 차이는 뭐지?

그 사이에 힘과 힘이 불균형하게 대치되고 있다면 눈치, 마음과 마음 혹은 존재와 존재가 따뜻하게 닿아 있다면 공감. 그런 생각이 든다.

결혼 선물, 대놓고 요구하기?

결혼을 하게 되었다. 친한 친구들이 선물을 하고 싶어 한다.

뭐라고 말해야 할까?

(a) (축의금이면 더 좋겠지만, 정 선물로 하고 싶다면) 알아서 해줘.

(b) 내 단골 백화점에 필요한 물건 명단 보내놨으니, 그 가운데 골라서 해줘.

우리에겐 (a)가 그들에겐 (b)가 익숙한 정서다.

서양에는 기본적으로 축의금이 없다. 그렇다고 축하하는 마음으로 끝? 그건 아니란다. 대신 wedding registry라는 게 있다. 일명 '대놓고 선물 밝히기'라고나 할까. 결혼할 커플이 자신들에게 필요한 신접살림 목록을 게시해놓는 거다. 지인들은 그 가운데 각자 해주고 싶은 것, 또는 해줄 수 있는 것을 고르면 된다. 덕분에 어떤 선물을 해줘야 할지 고민하지 않아도 되고 다른 친구들과 선물이 겹칠까 걱정하지 않아도 된다. 목록 가운데서 꼭 해주고 싶은 것이 있지만 가격이 부담스러울 땐 다른 친구들과 함께 하는 경우도 있다고. 나름 합리적이고 실용적이다.

하지만 왠지 우리 정서로는 너무 노골적이지 않은가. 대놓고 요구하기보다 알아서 해주길 기대하는 데 익숙한 탓일 게다. 그러나 요즘 이곳의 젊은 신부들 사이에서도 wedding registry가 인기를 얻고 있다니, 이쪽 끝에 있는 동양의 정서와 저쪽 끝에 있는 서양의 정서가 만날 날도 멀지 않은 듯하다.

괜찮다는 그 말...

서울의 한 대학에서 외국인들에게 한국말을 가르치고 있는 용민. 잠깐 쉬는 시간에 한 외국인 학생이 그에게 물었다 "Coffee?" 자기가 마실 커피를 뽑으러 가는 김에 선생님 것도 뽑아다 주겠다는 것. 그 마음 고마웠지만 커피를 마시지 않는 용민은 담뿍 미소를 띠고 대답했다. "괜찮아요! :)" 잠시 후 용민의 커피를 뽑아 교탁에 놓고 가는 그 학생. '어, 괜찮다고 했는데?'

우리는 대놓고 '아니다!'라고 말하는 것을 꺼린다. 그래서일까? 우회적으로 거절하는 표현이 제법 많다. 그 가운데 하나가 "괜찮습니다.". 일본어의 "いいです(이이데스)."처럼 그 말은 '됐다', '아니다'라는 정중한 거절의 말이다. 우리끼리는 말하는 사람도 듣는 사람도 그리 알고 그리 쓰고 있으니 별 문제 없다.

하지만 우회적인 우리의 표현 방식과 달리, 영미권의 경우 직접적인 표현 방식을 선호하다 보니 특히 yes와 no에 있어서는 돌려 말하기 없기가 기본 룰이다. yes와 no를 분명히 하지 않았다가는 제대로 사회 생활하기가 어려울 정도 그곳의 하늘에는 마치 다음과 같이 적힌 현수막이라도 걸려 있는 듯하다.

"표현은 직접적으로! 주장은 적극적으로! 그리고 사실은 분명하게!"

그런 그들의 귀에 우리의 "괜찮습니다."는 "No thank you."보다 "Thank you."로 들릴 확률이 더 높지 않겠는가? 참고로 일본어에서 외국인들이 가장 헷갈려하는 표현 세 가지 가운데 하나가 바로 "いいです."라고. 그 의미가 '좋스무니다'인지 '괜찮스무니다'인지는 듣는 사람의 눈치에 달려 있다. 마치 우리 부모님의 '괜찮다, 바쁘면 안와도 된다'는 그 말씀처럼.

You shouldn't have. 안 그러셨어도 되는데….
Maybe not. But I wanted to. 그럴지도 모르지만 그러고 싶었답니다.

성공적인 삶이란 어떤 걸까? 《쿨하게 사과하라》의 저자이자 더랩에이치 THE LAB h의 김호 대표에게 그것은 다음 4가지 시간의 균형이라고 한다.

★ Working time
★ Playing time
★ Spiritual time
★ Quality time

한편, 성공적인 삶에 대해 미국의 시인 랄프 에머슨은 "내가 태어나기 전보다 세상이 조금 더 나아졌거나 누군가의 삶이 조금 더 가볍고 풍요로워졌다면 그것이 성공적인 삶"이라고 말한 바 있다.

고맙다고 생각하고
미안하다 말하는 이유

아직 영어가 익숙지 않아 강의 내용을 제대로 따라갈 수 없었던 수영. 첫 수업이 끝난 후 염치불구하고 같은 강의를 듣고 있는 기숙사 옆방 친구인 덴에게 SOS를 쳤다. 노트 한 번만 빌려달라고. 흔쾌히 부탁을 들어준 덴이 얼마나 고마웠던지! 하지만 막힌 영어귀가 어디 심봉사 눈뜨듯 하루아침에 뚫리겠는가. 한 학기 내내 수영은 덴에게 노트신세를 지고 있었다. 한두 번도 아니고, 이거 매번 신세를 지고 있으니….

"Thank you and so sorry."

수영이 말하자 덴의 눈동자가 흔들린다.

"Sorry? for what? Something wrong?"

대뜸 돌려받은 노트부터 이리 저리 들춰보는 덴. 아니 그게 아니라…

기왕이면 '미안해'라는 말보다 '고마워'란 말이 더 좋아.
'미안해'라고 하면 어쩐지 내가 뭘 잘못한 것 같지만
'고마워'라고 하면 내가 뭔가 좋은 일을 한 것 같잖아.

- 미도리카와 세이지, 〈맑은 날엔 도서관에 가자〉

고맙다고 해야 할 판에 생뚱맞게 미안하다고 하는 이유? 일단 번거롭게 해서 미안하다는 마음에서. 그리고 입은 은혜를 당장 갚지 못해 미안하다는 마음에서. 그리고 이렇게 사과를 하면 그 마음을 잘 알아주겠거니 믿는 마음에서. (그리고 그 마음 밑에는 '나, 이런 부탁 함부로 하는 그런 뻔뻔한 사람 아니거든? 오해하지 마.' 뭐 그런 메시지를 전하고 싶었던 것은 아닐는지.)

이런 저런 마음에서 혹시 뭐 보이는 게 없는가? 어떻게든 관계를 잘 유지하고 싶다는 기대와 그렇지 못할까 봐 걱정스러운 염려 말이다.

그렇지만 영미권 문화에선 이런 정서가 낯설다. 고마우면 고맙다고 말하면 되는 거고, 정 그렇게 마음에 걸리면 다음에 고마울 일로 갚으면 되는 거고. 막말로 그렇게 미안하면 부탁 안 하면 되는 거고. 좀 야박해 보이는가? 그야말로 관점의 차이다.

아주 오래전 영화 〈LOVE STORY〉에 나온 대사.
"사랑은 미안하다고 말하는 거 아니야."

그 표현을 살짝 빌리자면 영미권 문화에서는 '감사'도 마찬가지다.
고마울 때 미안하다고 말하는 거 아니야. 고마울 땐 고맙다고 말해야 그 맘
이 통한다. 앞서와 같은 상황이라면 그들은 Thank you card와 함께 작은 선
물을 준비하는 것이 일반적이다. 예를 들면 다음과 같은 감사 인사와 함께!

"Thanks for everything. You've been helping me out so much.
 I don't know how to pay you back. I really appreciate it."

E - SPOT
Love means never having to say you are sorry. 사랑은 미안하다고 말하는 거 아니다.
I can't do much with sorry. (미안하다며 계속 반복할 때) 미안하다는 말 고만 좀 하소.

에둘러 다가가는 언어 vs 곧바로 다가가는 언어

"사람 말은 끝까지 들어 봐야 안다."라는 속담이 있다. 그런데 이 속담은 그 '사람'이 어떤 말을 쓰는가에 따라 맞는 말이기도 하고 틀린 말이기도 하다. 한국 사람의 말이라면 대체로 맞다. 결론이 뒤에 나오는 '미괄식' 언어습관 때문이다. 하지만 영미 문화권에 사는 사람의 말이라면? 대개 앞부분만 들어도 하고 싶은 말이 무엇인지 금방 알 수 있다. 그들의 언어습관은 두괄식이기 때문이다. 그들은 결론부터 말한다. 글도 그렇다. 영어는 그 대표적인 언어이다. 문장의 구조가 '주어 + 동사 + 목적어'이지 않은가. 사실 혹은 사건fact의 주전 멤버들부터 먼저 등장한다. 원인, 이유, 목적, 때, 장소, 방법에 대한 정보는 그 뒤에 덧붙여진다. 그래서 '부사'라고 불리는 것인지도 모른다.

그들에게는 배경background이 되는 이 말들이 우리에게는 전경foreground이 되는 경우가 많다. 마치 올림픽 대표선수단을 이끄는 기수flag bearer처럼 말문을 여는 역할을 맡는다. 그런데 한국 사람들의 언어습관과 영어식 언어습관이 다른 점은 어순만이 아니다. 이야기의 전개 형태 또한 사뭇 다르다. 그 차이를 미국의 응용언어학자 로버트 캐플란Kaplan, Robert 교수의 설명을 빌려 말하자면, 영어는 직선형이고 우리나라 언어는 나선형이라는 거다.

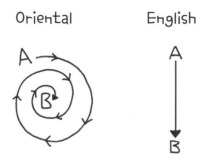

Oriental　　　　English

모든 것에는 다 이유가 있는 법! 왜 이런 차이가 생긴 걸까? 직선형의 영어식 사고방식과 표현방식이 '누가, 무엇을who& what'에 우선순위를 부여하고 있다면, 나선형의 우리말 사고방식과 표현방식은 '왜, 어떻게why&how'를 중시하는 경향이 있다. 한쪽에서는 사건을, 다른 한쪽에서는 그 정황 혹은 배경을 더 궁금해 하는 것이다. 소위 저맥락 문화low context culture와 고맥락 문화high context culture의 정서 차이다.[2]

서로 다른 그 둘이 만나 대화를 한다면 어떨까? 나선형이 보기에 직선형은 너무 들이대는 것처럼 느껴질 것이다. 거두절미하고 단도직입적으로 말한다는 것에 대해 내심 불편해하거나 불쾌해하는 경우가 많다. 반면 직선형의 관점에서 보는 나선형은 빙빙 돌며 변죽만 울리는 것처럼 보일 것이다. 상대가 정작 하고 싶은 말인 B가 무엇인지 알 턱이 없는 상황에서 뜬금없이 A라고 하니 '도대체 무슨 상관?' 고개도 마음도 한참을 갸우뚱거리게 되는 것이다. 직선형 청자에게 나선형 화법은 여간 고역이 아니다. 성마른 이들은 기다리지 못하고 기어이 한 마디한다.

"Let's get straight into the point."(자, 곧바로 본론으로 들어갑시다.)
"Give me your bottom line, please!"(그러니까 당신이 결국 하고 싶은 말이 뭡니까?)
"Answer first, please!"(일단 제가 물은 질문에 대답부터 해달라고요, 제발 좀~)

요즘 한국인을 대상으로 하는 MBA 과정에서는 두괄식 직선형 화법을 가르치는 강좌가 개설되어 있다고 한다. 그러나 오래된 습관이 배운다고 어디 바로 사라지던가? 여전히 우리들 가운데 많은 이들이 나선형의 매력에서 쉽게 빠져나오질 못한다. 그렇게 말해야 내 마음을 제대로 알아줄 것 같고, 내 입장을 제대로 헤아려줄 것 같고, 상황을 제대로 이해할 것 같기 때문이다. 때로는 배려심이고 때로는 불안함 때문이기도 하다. 설명할 때도 요청할 때도 감사할 때도 사과할 때도 거절할 때도 우리는 챙길 게 한두 개가 아니다. 특히 왠지 상대의 기대에 부응하기 어려울 것 같다는 느낌이 강할 때는 더더욱 말은 점점 더 길어지고 모호해진다. 어떻게든 갈등을 없애거나 줄여야 하니까. 집단주의 문화가 심어준 이 오래된 습관이 에둘러 가는 말을 택하게 만든다. 모호한 표현을 선호하게 만든다.

Part 4

동사로 표현하는 언어
vs.
명사로 표현하는 언어

엄마의 직업은 요리사?

What if?

우리 엄마는 정말 요리를 아주 잘하신다!

이런 엄마를 영어로 어떻게 소개해야 할까?

    (a) My mom cooks very well.

    (b) My mom is a good cook.

(a) My mom cooks very well. (b) My mom is a good cook. 이 두 문장이 같은 의미라는 걸 이곳에 사는 이들도 많이 안다. 그래서 이 두 문장을 우리말로 바꾸는 데 별 어려움이 없다. 하지만 영어로 대화를 하다 보면 정작 우리 입에서 나오는 표현은 짐작컨대 (a) 표현이 압도적으로 많지 싶다.

원어민들이 (b)의 표현을 즐겨 쓰는 줄 몰라서가 아니다. 명사 위주의 언어인 영어와는 달리 우리말은 동사 위주의 언어이기 때문이다. '요리 잘하는 울엄마'를 떠올리는 순간 우리의 머리는 '요리하다'라는 동사부터 떠올리지 않는가. 그래서 그런 것이다.

중요한 것은 변화? 결과?

"나, 차 바꿨다~!"

이 자랑을 영어로 하고 싶다. 어떻게 말해야 할까?

(a) I changed my car.　　　(b) I got a new car.

아마도 우리들 가운데는 (a) I changed my car.라는 문장을 머릿속에 떠 올린 경우가 더 많을 것이다. 물론 그렇게 말해도 무슨 말인지 알아들을 사람들은 다 안다. 하지만 영어권 사람들이 일상 속에서 자연스럽게 주고받는 표현은 바로 (b) I got a new car.라는 사실.

두 표현 모두 하고 싶은 말을 전하는 데는 무리가 없다. 차이가 있다면 한 쪽에서는 '바꾸다'라는 동사 change를 강조하고, 다른 한 쪽에서는 그 결과 얻게 된 새 차인 new car를 강조했다는 것. 혹시 이런 현상에도 뭔가 드러나지 않은 이유라도 있는 걸까? 짐작하는 바 그대로다.

리차드 니스벳Richard E. Nisbett 교수가 《생각의 지도》에서 주장한 바에 따르면 명사에 매어 있는 마음은 상대적으로 존재와 상태에, 동사에 매어 있는 마음은 상대적으로 관계와 그 사이의 변화에 각각 주목한다고 한다. 영어의 밑바탕에 있는 개인주의 문화와 우리말 밑바탕에 있는 집단주의 문화를 떠올려보니 아하! 무릎을 치게 된다.

배달왔습니다아~!

뉴욕 도미노 피자에서 배달 아르바이트를 하게 되었다.
"띵동~" 하고 누르니 누구냐고 묻는다. 뭐라고 대답할까?

(a) Delivering the pizza.　　(b) It's Domino's.

물론 (a), (b) 두 문장 모두 알아듣는 데는 문제가 없다. 정답이 따로 없다는 말이다.

하지만 "배달 왔습니다~"라는 말을 듣고 살아온 우리로서는 퍼뜩 '배달하다?'니까 deliver부터 떠올리게 된다. 그런데 영미권 사람들의 대답은 좀 다른 것 같다. '배달하다'라는 동사가 아니라 '배달하러 온 사람'이 등장한다. 광고나 드라마를 봐도 알 수 있다. 배달 피자의 대명사 Domino's의 슬로건 가운데 이런 게 있다.

"Get the door. It's Domino's."
(문 열어주세요, 도미노 피자입니다.)

미국 드라마 〈Friends〉에서는 누구냐고 안에서 묻자 "Pizza guy." 대답하는 장면이 나온다.

동양과 서양의 차이. 그 가운데 하나가 동사로 표현하는 문화와 명사로 표현하는 문화. 그렇게 보기 시작하니, 다시 보게 되는 것들이 많다. 예를 들면 여행길에서 종종 보게 되는 no vacancy. 우리말로는 "방 다 나갔습니다." 혹은 "빈방 없습니다."라고 표현한다.

그런가 하면 EBS 다큐멘터리 〈동과 서〉에도 소개된 것처럼 "More coffee?"라고 묻는 그들과 "더 마실래?"라고 묻는 우리. 흥미롭지 않은가? 왜 이런 현상이 생기는가 따져보면, 그렇게 배우며 컸기 때문이라고 답할 밖에.

P.S.

같은 다큐멘터리에서 본 장면 하나. 아이와 놀아주는 엄마들의 모습이다. 그런데 영어를 쓰는 엄마와 우리말을 쓰는 엄마들이 아이와 나누는 대화가 아주 대조적이다. "지금 그건 뭐지?" 영어를 쓰는 엄마는 명사를 유도하는 질문을 주로 한다. 반면 우리말을 쓰는 엄마는 "지금 뭐하는 거지?" 동사를 유도하는 질문을 주로 한다!

그 아이가 엄마가 되면 또 그렇게 자신의 아이들에게 질문하겠지?

좋은 걸로 하나 골라 가져가세요

한산한 뉴저지행 퇴근 버스 안.

출구 옆에 변경된 운행시간을 알려주는 유인물이 비치되어 있다.

내릴 준비를 하며 그 유인물을 유심히 들여다보고 있는 내 친구에게

기사 아저씨가 말을 건넨다.

"Have a good one."

이건, 무슨 뜻?

ⓐ 인쇄 잘된 걸로 하나 골라 가져가세요.

ⓑ 좋은 밤 보내세요.

"Have a good one?" 인쇄 잘된 걸로 한 장 골라 가져가라(ⓐ)는 말인 줄 알고, 친구는 아무거나 한 장 집어 들고 내렸단다. 그리고 얼마 뒤에야 알게 되었다고. 그 말이 그들의 실속형, 통합형 인사라는 것을.

"good day"

"good morning"

"good night"

"good week" …

이 모든 인사들을 "good one"으로 일괄 처리! 시계를 볼 것도 없이 달력을 들출 것도 없이 아주 간편하기 짝이 없다. 실용주의 영미식 사고방식을 그대로 보여주는 한 예다. 그 사건(?) 이후 친구가 들려준 말이 인상적이다.

"지난 몇 년간 뉴욕 살면서 한 번도 들은 적 없던 그 인사가 그날 이후 천지 사방에서 왜 그리 자주 들리던지 원!"

한 번도 들은 적 없었다…고 생각한 그 인사 "Have a good one!" 덕분에 친구는 새삼 절감한 진실이 있다고 한다. 우리 귀는 들을 수 있는 것, 그 가운데서도 듣고 싶은 것을 듣는다는 사실. 그건 우리 눈도 마찬가지다. 볼 수 있는 것, 그 가운데서도 우리는 보고 싶은 것을 본다.

잘 봤냐고? 누가? 뭘?

다음 대화를 영어로 번역한다면?

아들 : (책가방을 내려놓으며) 다녀왔습니다.

엄마 : 잘 봤어?

아들 : 망친 거 같아요.

다녀왔습니다.	vs	I'm home.
잘 봤어?	vs	How did you take the test?
망친 거 같아요.	vs	I'm afraid I screwed it up.

나란히 적고 보니, 두 언어의 차이가 확연히 드러난다. 동사 위주로 표현된 우리말이 영어로 옮겨가는 순간, 명사들이 돌아왔다!

문장이 되려면 일단 주어와 동사가 있어야 한다!… 고 배웠다. 하지만 일상에서 우리가 나누는 말을 들여다보면 걸핏하면 주어 실종 현상이 나타난다. "나는 다녀왔습니다."라고 말하는 대신 "다녀왔습니다."라고 말한다.

생략되는 것은 주어만이 아니다. 목적어도 심심찮게 사라진다.

"너는 시험을 잘 봤니?"라고 묻는 대신 "잘 봤니?"라고 묻는다.

"나는 시험을 망친 것 같아요."도 "망친 거 같아요."로 끝!

이런 방식의 대화를 나누는 이유? '말하지 않아도 뻔히 서로 다 아는데 굳이 뭘…' 하는 마음일 게다.

하긴 일일이 다 챙겨서 말하자면 더 어색하게 들릴 수도 있는 게 우리말이다. 주어 없이, 목적어 없이 동사만으로도 대화를 나눌 수 있는 언어! 그게 우리말이다.

반면, 영어는? 아주 예외적인 경우를 제외하고 주어나 목적어가 언제나 자기 자리를 지키고 있다. 아무리 짧은 거 편한 거 밝히는 영미인들이지만 글이든 말이든 꼬박꼬박 주어와 목적어를 챙긴다. 말하지 않아도 뻔히 알 만한 데도 말이다. 실용성과 경제성에서 둘째가라면 서러워 할 그들이 그러는 데는 뭔가 이유가 있을 게다.

영국에서 공부하고 지금은 미국에서 일하는 한 친구는 이렇게 설명한다.

"영어권 사람들에겐 자유만큼 책임도 중요하거든. 그러다 보니 그 책임 소재를 명확히 따지기 위해서라도 행동의 주체가 누구인지 그 대상이 무엇인지 분명히 짚고 넘어가는 습성이 생긴 거지."

주체와 대상을 밝히는 명사에 목숨 거는 영어, 그래서 그러는 거였어?
Maybe or maybe not.

~~~~~~

Quiz. 다음 문장을 영작해보자.

1. 나는 거짓말을 잘하지 못합니다.
2. 그녀는 치맥을 굉장히 좋아한다.
3. 그 선생님은 무척 느리게 말한다.
4. 우리 할머니는 엄청 담배를 피우셨다.

Answer. 영어일들 7년데이드 다음과 같이 명형되 정용가 됩니다.

1. I am not a good liar.
2. She is a 치맥 lover.
3. The teacher is a slow talker.
4. My granny was a heavy smoker.

죽은 사람도 살리는 수동태

몇 해 전 게재된 영문 기사에 이런 문장이 있었다.

"He is survived by his wife and their four sons."

무슨 뜻일까?

(a) 그는 아내와 네 아들 덕분에 살아남았다.

(b) 그는 아내와 네 아들을 남기고 죽었다.

He is survived...

답은 (b)라는 말에 의외로 많은 분들이 놀란다. 죽다… 라니! 'survive = 생존하다, 살아남다' 아냐? 아니긴, 맞다. 그런데 왜?

우리를 헷갈리게 하는 범인, 바로 '수동태'다. 동작의 주체와 객체가 자리를 바꾸다 보니 그런 언어습관이 없는 우리로서는 헷갈리기 십상이다. 부고기사orbituary에 단골로 등장하는 이 단어 survive가 딱 그렇다. 스티브 잡스가 사망했을 당시 그의 부고기사를 보자.

"The late Steve Jobs is survived by his wife and 4 sons."

이 기사를 보고 순간적으로 깜짝 놀랐다는 내 친구. 죽은 스티브 잡스가 기적적으로 살아난 줄 알았다나? 하지만 그 친구만의 이야기가 아닌 듯하다. 직접적이고 확실한 표현을 선호하는 영어. 그래서 그곳 편집자들이 하는 일 가운데 하나가 수동태로 된 문장들을 능동태로 고치는 것이라고 한다. 그럼에도 불구하고 일상에서 수동태 표현은 차고 넘친다. 특별한 이유라도 있는 걸까? 어쩌면…

1. 관심의 대상을 주인공으로 하기 위해!

The late Steve Jobs is survived by his wife and 4 sons.
His wife and 4 sons survive the late Steve Jobs.

아무래도 문장의 주인공은 주어. 위 두 문장을 비교해보라.

우리가 궁금한 것은 그의 가족이 아니라 스티브 잡스이지 않은가.

2. 밝히고 싶지 않은 것을 감추기 위해!

The mistakes were made.

유감스럽게도 그런 일이 일어났다는 것은 인정하지만 그 '책임'이 누구에게 있는지는 꿀꺽! 면책효과다. 특히 정치인들이 수동태를 즐겨 쓰는 이유가 아마 이것 때문?

동사로 표현하는 언어 vs 명사로 표현하는 언어

혹시 "Don't sir me!", "Don't mother me!" 같은 표현을 들어본 적 있는가?
너무 깍듯하게 존칭 붙여 부르지 말라는 말이겠고, 엄마처럼 간섭하고 조언하
지 말라는 말. 명사인 sir나 mother의 용도 확장이다. 마치 "google it!"처럼.
지금은 익숙해진 "google it!"이란 표현. 일개 검색엔진의 이름에서 출발해서
이제는 '인터넷에서 검색하다search on the Internet'라는 시대적 요구를 담고
있는 동사로 맹활약 중이다. 그 밖에도 "e-mail me.", "xerox it."… 등 고유명
사, 일반명사 가릴 것 없이 동사로 둘러쓰는 명사의 사례는 부지기수다.
그런가 하면 명사의 신규 회원 영입에도 영어는 꽤나 적극적이다. 예를 들면
a must나 a Bill Gates와 같은 경우가 그러하다. 그들의 언어생활을 들여다
보면 마치 그 중심에 '명사를 모든 곳에!', '모든 것을 명사로!'라고 적힌 현수
막이라도 내걸린 듯하다.

그들의 명사 중심의 경제적 언어습관이 엿보이는 사례는 얼마든지 있다. 그
중 대표적인 사례가 have, take, make, give가 이끄는 영어 관용구일 것이다.
그 뒤에 필요한 명사만 바꿔 넣으면 쉽게 써먹을 수 있는 일종의 거푸집이라
고나 할까. 이때 동사의 의미는 전적으로 명사에 달려 있다.

이 지점에서 생각해볼 두 가지.

첫째, 'have = 갖고 있다, take = 취하다, make = 만들다, give = 주다'라고 고집스레 해석하다가 영어의 숲에서 길 잃어버린 분 많이 봤다. 우리말의 '입다, 신다, 쓰다, 매다, 메다, 끼다…' 이 모든 의미의 동사를 영어는 wear 하나로 돌려막지 않는가. 하지만 그런 줄 알면서도 wearable computer가 개발되었을 때 '입을 수 있는 컴퓨터'라고 소개한 우리 언론들. 설마 영어를 못해서였겠나, 아니면 '착용 가능한'이라는 우리말을 몰라서겠나. 좋게 말하자면 일편단심 민들레 마인드로 공부한 탓이고 심술궂게 말하자면 동맥경화 걸린 관점 때문이리라.

둘째, "have a think", "take a nap", "make an apology", "give a try"를 우리말로 해석한다면 어떻게 할까? '생각을 해보다', '낮잠을 자다', '사과를 하다', '시험을 해보다'…? 정직하긴 해도 자연스럽진 않다. 우리말 방식대로라면 '생각해보다', '낮잠자다', '사과하다', '시험해보다'가 자연스럽다. 이 또한 '명사 중심 vs. 동사 중심'의 언어생활 차이로 빚어지는 현상이다.

어느 언어든 가장 중요한 것은 명사와 동사. 하지만 그중에서도 상대적으로 영어는 명사 중심, 우리말은 동사 중심의 언어다! 거기에 덧붙여진 또 다른 질문. 태초에 명사와 동사 중 무엇이 먼저 있었을까? 이게 왜 궁금한지 모르겠지만 질문을 들으니 답이 궁금하긴 하네. 하지만 상반되는 두 설說이 있을 뿐 아직 정답으로 최종 낙찰된 건 없는 듯하다. 한쪽에서는 태초에 명사가 있었고 훗날 거기에 동사가 더해졌다고 주장한다. 우리가 외국어를 익힐 때 명사 단어부터 말하게 되는 것처럼. 그러나 동사가 먼저고 명사가 나중이라고 이의를 제기하는 목소리도 있다. verbal이란 단어만 봐도 알 수 있다는 게 그들의 주장이다. 즉 '입에서 나오는 모든 말들'을 의미하는 이 단어야말로 언어의 대표는 역시 동사라고 말해주는 상징적인 예라는 것이다.

어느 쪽 주장이 맞는지는 모르겠다. 궁금한 것은 명사를 중심으로 하는 언어생활, 혹은 동사를 중심으로 하는 언어생활이 우리의 관계에, 우리의 삶에 어떤 영향을 미치는가 하는 문제다. 어쩌면 그런 차이가 이곳과 그곳의 소통 방식이 다른 이유를 설명해줄 수도 있으니까. 한쪽에서는 왜 존재와 상태에 초점을 맞추는지 그리고 다른 한쪽에서는 왜 존재와 존재의 사이 관계와 변화에 중점을 두는지 그런 질문과도 무관하지 않은 지점이다.

Part 5

수직으로 바라보는 언어
vs
수평으로 바라보는 언어

잘 부탁드립니다

학기 초, 담임선생님께 '우리 아이 잘 부탁드린다'는 인사를 드리고 싶다. 영
어로 어떻게 말하면 좋을까?

(a) I hope you will take good care of my son.

(b) I'm so happy my kid is in your class.

말도 익숙지 않은 남의 나라에 간 지 얼마 안 되어, 아이를 학교에 보내게 된 한국 엄마의 질문이었다.

이런 상황에서 미국인 학부모들은 어떤 인사를 건넬까? 흔히 (b) I'm so happy my kid is in your class. Please let me know if there's anything I can do.라고 말하는 이들이 많다고 그곳에서 오래 산 친구가 귀띔해준다. 그런데 이 대답을 들은 한국 엄마의 표정이 영 흡족하지 않은 눈치다.

'어, 그건 잘 부탁드린다는 인사가 아니잖아? 내가 필요한 건 바로 그 말 '잘 부탁드린다'라고! 아니 미국에 그렇게 오래 살았으면서, 영어를 그렇게 잘 한다면서 그런 표현 하나 모르는 거야?'

영어 잘하기로 소문난 친구이자 미국생활 선배에게 실망한 눈치가 역력하다. 하지만 어쩌겠는가. 영어에는 그런 인사에 딱 맞는 표현이 없으니.

"잘 부탁드립니다." 딱 그렇게 영어로 인사하고 싶은 분이 의외로 많은 듯하다. 인터넷에 올라온 관련 질문과 요청이 제법 많다. 그에 대한 대답으로 올라온 것들 중 하나가 (a) I hope you will take good care of my son.이다. 만일 이렇게 말한다면? 음… 듣는 미국인 선생님 좀 당황하시거나 불쾌할지도 모르겠다. 그 인사에 담긴 우리의 정서를 알 턱이 없다고 가정하면 말이다.

이렇게 말하면 그들은 말 그대로 받아들일 가능성이 높다. 그런데 학생을 돌보는 건 선생의 당연한 임무이거늘 그걸 못 미더워 재차 강조하는 걸로 들릴 수 있으니 기분이 나쁠 수밖에. 또 하나, 알다시피 개인주의 문화에서는 불조심보다 더 조심해야 할 것이 불공평이다. 그런데 잘 부탁드린다니? 자기 아이만 특별히 잘 봐달라는 일종의 '입으로 건네는 뇌물verbal bribe'로 여겨질 수도… 쿨럭!

그나저나 우리는 왜 이런 인사를 하게 된 걸까? "잘 부탁드립니다."라는 인사 말이다. 지금이야 의례적으로 가볍게 주고받는 빈말스러워진 면도 없지 않다. 하지만 처음 만나는 자리 특히 나보다 나이 많은 상대, 지위 높은 상대, 권력을 쥐고 있는 강한 상대 앞에서 이 인사는 보험처럼 건네진다. 왜?

그저 오래된 언어습관일 수도 있겠지만 어쩌면 여전히 우리 마음 어딘가에 조화와 겸손의 유전자가 남아있기 때문일 수도 있다. 평등한 개인보다 위아래가 엄연하던 집단에서 무엇보다 조화를 가장 중요시하던 그 시절 그 유전자. 순응과 겸손의 태도를 요구하던 그 시절 그 유전자 말이다.

부족하나마? 지도편달을?

꿈꾸던 글로벌 기업에 첫 출근 하는 날.

신고식에서 우리가 흔히 하는 인사가 있다.

"부족하나마 최선을 다하겠습니다. 많은 지도편달 바랍니다."

이를 영어로 한다면?

(a) I'm afraid I can't reach your expectation but I'll do my best and appreciate your further advice and encouragement.

(b) I'm so excited to work with you.

부족하나마...

결론부터 말하자면… '잘 부탁드린다'는 말처럼 "부족하나마 최선을 다하겠습니다. 많은 지도편달 바랍니다." 이런 인사는 영어에 없다!

우리에게는 여전히 익숙한, 공동체 마인드의 겸손 모드 화법.

개인주의 문화의 관점에서 보자면, 도통 이해불가 납득불가의 인사다. 능력껏 경쟁해야 하는 직장에서, 설사 정말로 능력이 부족하다 하더라도 첫 출근하자마자 그 사실을 이실직고하는 것도 이상한데 많은 지도편달까지? 영어식 관점에서 보자면 놀랠 '노'자다.

"부족하나마?", "모자란 힘이나마?", "잘 모르지만?", "차린 건 없지만?"

여전히 주위에서 듣게 되는 이런 표현들! 그런데 정말 우리는 그렇게 생각하는 걸까? 그게 아니라면 빈말, 다시 말해 영혼 없는 인사라는 말인데… 이런 인사가 관계에 미치는 영향력은 과연 몇 퍼센트일까? 문득 궁금해진다.

P.S.

"I can't speak English."

처음 만나는 일본인과 한국인의 영어는 대개 이 말로 시작된다고 했던 외국인 친구의 말이 생각난다. 이미 영어로 말하고 있으면서 영어를 못한다뇨? :) 헌데, 영어를 제법 하는 이들도 예외가 아닌 듯하다. 여기에 very well만 덧붙여서 대화를 시작한다. 겸손이 미덕인지라 그렇다. 하지만 듣는 영미권 상대에겐 이 문화적 현상이 무척 낯선지 이렇게 묻는다.

"도대체 다른 한국인들은 얼마나 잘 하길래?"

눈깔아, 말아?

선생님으로부터 꾸중을 듣고 있는 상황. 이때 올바른 자세는?

(a) 다소곳이 눈을 깔고 shoe-gazing

(b) 눈과 눈을 마주보며 eye contacting

우리는 ⓐ공손히 두 눈을 내리깔고 선생님 말씀을 듣는다. 반면 영미권 문화에서는 ⓑ선생님의 두 눈을 바로 쳐다보며 하시는 말씀을 듣는다.

비단 상대가 선생님이 아니더라도 누군가 이야기하는 것을 들을 땐 눈을 맞추는 것이 영미권 문화에서의 기본 예의다. 상대에 대한 존중, 내 말에 대한 진정성, 대화 내용에 대한 관심을 그들은 '눈 맞춤eye contact'으로 표현한다. 상대가 어른이든 어린이든, 상사든 부하든 막론하고!

만일 내가 이야기를 하는데 상대가 눈을 내리간다? 그들에게 그 행동은 "지루하기 짝이 없군!", "그 이야기에 관심 없거든!"으로 받아들일 수 있다.

그런데 꾸중을 듣는 학생이 눈을 아래로 간다? 이건 선생님 말씀을 무시하는 처사로밖에는 안 보이는 거다. 그들 눈에는!

어쩌면 그리도 정반대인지! 우리야 어디 그런가. 존경 혹은 순종의 뜻으로 눈을 내리깐다. 웃어른 말씀하시는데 두 눈을 똑바로 쳐다봤다가는 "어디서 두 눈을 똑바로 뜨고?"라는 불호령이 떨어지거나 '요놈 봐라?' 괘씸죄에 걸릴 판이다. 물론 요즘 이곳 젊은 세대의 관점은 영미권 문화에 많이 익숙해졌지만, 모르긴 몰라도 지금도 어르신들은 여전히 '아랫사람'이 눈을 똑바로 쳐다보는 것을 불편하고 불쾌해 하실 터이다. '쫄지 않겠다'는 맹랑한 결기로만 여겨지고, 감히 '맞장 한번 떠 보겠다'는 불량한 도발로 보이시나 보다. 하긴 나이 지긋한 어르신들만 그런 게 아닌 것 같긴 하다. 뒷골목 불량배들 이야기를 들어보니 그곳에서도 마찬가지. '먹잇감'을 발견했을 때 그들이 맨 먼저

하는 말도 "눈깔아!" 아닌가. 상대의 기선부터 제압하고 보겠다는 이 말. 특히 수직적 정서를 지닌 사회에서 시선은 곧 권력이니까!

E - SPOT

shoe-gazing 눈을 내리까는 모습이 마치 신발을 응시하는 것처럼 보여서 생긴 표현. 영국의 록음악 가운데 한 장르이기도 하다.

scopophobia 시선 공포증

Don't be chickened out 쫄지마.('쫄다'의 국립국어원의 권장 표현은 '졸다'이지만… 영 어색하다)

칭찬 사절?

미국여자 : Oh, I like your bag!

한국여자 : No, No. It's nothing.

지금은 미국에 살고 있지만 여전히 어딘가 청학동 처녀의 향기가 폴폴 풍기는 친구가 있다. 남편의 가까운 미국인 친구 커플과 부부동반 저녁을 먹기로 한 날. 그쪽 부인이 가방을 두고 한 칭찬에 친구의 대답이다. 우리말로 하자면, "좋긴요, 별거 아니에요." 이런 의미였을 터.

명품백을 들고 갔어도 "아이 뭘요!"했을 텐데, 내 친구는 그날따라 입고 간 옷도, 들고 간 가방도 영 마음에 들지 않아 내내 마음이 불편하던 차. 그런데 상대는 친구의 이런 반응에 잠시 어리둥절한 표정을 짓더니, 쐐기라도 박듯 한 번 더 자신의 생각을 전하더란다.

"Yes indeed! I think it's really cool!"

아 거참, 아니래도 그러네.

비슷한 경험을 한 적이 있다. 15년 전 쯤 할리우드 스탭들과 일을 했는데, 그중 한 명이 "You look great today!"라고 인사를 건넸다. 가볍게 목례하듯 "Oh, do I? Thank you!"라고 대답했는데, 그런 나를 잠시 쳐다보는 게 아닌가! 내가 무슨 실수라도? 아니었다. 그저 그동안 함께 일한 한국인들과 반응이 달라서란다. 음… 그렇지. 우리끼리는 그 반응이 어떤 건지 쉽게 짐작이 될 터. 모름지기 칭찬이란 첫술에 넙죽 받아먹는 게 아니라고 듣고 보고 자랐기 때문이다. 그러니 멋져 보인다는 칭찬에도, 좋은 가방이라는 칭찬에도 손사래를 치며 일단 한발 뒤로 물러선다. 그것이 우리식의 겸손이고 예의다. 하지만 미국에서의 겸손과 예의는 또 다른 것 같다.

한겨레 블로거 디씨사람 님의 글 중 일부를 함께 읽어보자. '겸손과 공손의 차이' 그리고 그 단어들을 바라보는 한국인과 미국인의 차이가 궁금하다면 전문을 읽어보길 권한다.[1]

"미국문화에서 겸손한 태도는 나를 낮추는 모양을 나타내는 것이 아니고, 자기의 솔직담백한 심정을 공손하게 말하는 것입니다. 또 남에 대한 배려를 하는 것이 겸손이라는 것입니다. 남이 칭찬을 하는 것에 대하여 공손하게 받는 것이 칭찬을 하는 사람에게 공손한 태도라는 거지요. '아… 고마워요, 내가 예뻐졌다니 듣기 좋네요.'라든가, '네, 나도 골프대회가 잘 치러져서 다행이라고 생각합니다. 다른 분들의 도움이 없었으면 어림도 없는 일이었지요.' 라고 받는 것이 진짜 겸손하다는 것입니다.

또 '내 영어를 알아듣는 네가 더 대견하다.'라든가 '고마운데, 나는 사실 지금 영어보다 훨씬 더 잘하고 싶다.'라고 진솔하게 받는다든가, 혹은 '권하시면 기꺼이 하겠습니다, 하고 싶었던 일입니다, 신뢰 고맙게 생각합니다.'라고 솔직 당당하게 수용하는 것이 훨씬 더 겸손한 것입니다."

P.S.
그런데 말입니다. 그들이 말끝에 가끔 덧붙이는 That's just my two cents. (그저 제 짧은 소견입니다.) 혹은 IMHO라는 줄임말로 더 친숙한 in my humble opinion(제 소견으로는)과 같은 표현은 어딘지 우리식의 겸손과 많이 닮아보이지 않습니까?

마흔 떼딸이에염, 뿌잉뿌잉~

친구와 미국 시골 여행 중 garage sale이란 팻말을 보고 차를 세웠다.
30대 중반쯤으로 보이는 주인남자가 이런저런 잡다한 물건들을 내어놓고 새로운 물건 임자를 기다리고 있었다. 그 가운데 눈에 들어온 〈The Simpsons〉 DVD set.

얼마냐고 물어보니 5불. 완전 새것이었지만 garage sale치고는 높은 가격이었다. 하지만 그래도 내 귀엔 '거저'로 들렸다. 심슨가족의 광팬이었던 터라 거의 횡재나 다름없었다. 당장 지갑에서 돈을 꺼내려는데 친구가 막는다. 그러더니 아저씨와 가격 흥정에 들어가는데 좀처럼 먹히질 않는 눈치. 그때였다. 갑자기 이누므 친구가 제 딴에는 비장의 무기라고 꺼내든 게 이름하여 필살애교! 일단 귀요미 눈빛으로 동그랗게 깜빡깜빡. 혀는 반 접고, 입술은 살짝 삐죽, 최대한 콧구멍이 말하듯이 "Please~훙? Please~ 훙훙?"

그때, 미국 시골 아저씨의 그 복잡미묘한 표정을 봤어야 한다.

저… 거기서 그러시면 안 됩니다! 아무 남자한테나 그런 애교가 먹히는 게 아닌데…. 이런 행동이 어떤 남자들에겐 사랑스러운 모습으로 비칠 수도 있지만, 어떤 남자들에겐 애인 사이라도 없는 자궁이 오글거릴 정도로 거북하게 느껴질 수도 있다. 게다가 우리식의 애교문화라는 게 영미권에서는 아예 없으니 그곳에서 자란 이들에게는 해독불가의 암호처럼 보일지도 모르겠다. 예를 들어 미국에서 온 로버트 할리가 언젠가 〈라디오스타〉라는 프로그램에 나와 '미국엔 애교 같은 거 없다'며 잘라 말한 적이 있다. 아내가 갑자기 모든 말에 이응 받침을 붙여 말하는 통에 미치는 줄 알았다면서 말이다.

물론 모든 미국 남자들이 다 그렇겠는가. 어디든 개인의 취향이 있는 법인데. 하지만 문화마다 익숙한 가치관과 익숙한 관점은 있기 마련이다. 갓난아기일 때부터 nursery라는 방에서 부모와 떨어져 독립적으로 자라온 서양인들. 그래서 아닐까, 그들은 섹시하면서도 독립적이고 자신감 넘치는 이성에게 끌린다고 한다. 우리가 보기에는 눈에서 하트 뿅뿅 뿜게 만드는 필살 애교가 그들 눈에는 의존적이면서 미성숙한 모습으로 보일 수 있는 까닭도 이와 무관하지 않으리. 아무래도 우리식의 애교가 사랑 '애'가 아니라 애기 '애'로 비쳐지는 경우가 많은가 보다. 그런데 문득 궁금해진다. 우리식의 이런 애교가 생긴, 아니 먹히는 이유는 과연 뭘까? 사회적 다윈주의social darwinism 식으로 말하자면, 사회가 기대하는 바에 따라 남자는 더 남자답게! 여자는 더 여자답게! 진화하다 보니 그런 걸까?

체면이 말이 아냐

결혼 날짜가 잡혔다. 자, 이제부터 슬슬 청첩장을
돌려야 하는데, 초대 원칙은?

(a) 다다익선! 그동안 연락 않고 지내던 인맥까지 총동원한다.

(b) 소수정예! 친한 이들, 초대하고 싶은 이들을 선별한다.

이 역시, 개인의 성향에 따라 다를 수도 있는 상황. 하지만 보편적으로 이곳에서는 ⒜의 경우가 많지 않은가? 결혼식에 동원(?)하는 하객 수는 곧 신랑신부, 나아가 그 집안의 능력과 인품을 보여주는 상징적 잣대로 여겨진다. 한마디로 체면이 서느냐 구겨지느냐 하는 순간이라고 여기는 이들이 우리 가운데는 꽤 있다. "친구분들 나오세요~", "직장 동료분들 나오세요~" 사진사가 재촉할 때마다 안 찍겠다는 사람들까지 구태여 앞으로 불러 세우는 이유도 어쩌면….

반면, 서양의 결혼식은 대개 소수정예로 치러지는 경우가 많은 듯하다. 아주 개인적인 이벤트라 여기기 때문이다. 그러다 보니 제법 친하다고 여긴 회사 동료들도 결혼식에 초대받지 못할 때가 많다. 미국에서 꽤 오래 살다온 친구는 나름 친하다고 여긴 미국인 친구가 정작 결혼식에 초대하지 않아 상처를 받은 적이 있다고 했다. '우리가 그 정도 사이밖에 아니었나? 내가 그 정도 사람밖에 안 되었나?' 남몰래 배신감과 자괴감에 시달렸다는 것이다. 우리 정서로 생각하면 그럴 만하다.

한편, 사람들은 '체면'을 동양 문화의 대표적 특성 가운데 하나로 꼽는다. 그렇다면 '체면'은 동양 사람들에게만 있는 현상? 설마! '체면'이라는 게 뭔가? 한 마디로 남들에게 좋은 평판을 듣는 것이다. 그렇다면 그게 어디 동양 사람들에게만 중요한 일일 수 있겠는가? 더불어 살아가는 사람들 사이에서 좋게 보이고 싶고 좋은 소리 듣고 싶은 것은 인간의 본능일 터. 다만 남들에게 좋게 보이고 좋은 소리 듣는 그 기준이 문화마다 다를 뿐이다. 그리고 남들의 시선, 남들의 소리에 집착하는 정도가 문화마다 다를 뿐이다. 그런데, 이런 정서가 '경쟁 사회'의 심리와 접목이 되면? 남들에게 좋게 보이는 것을 넘어 남보다 낫게 보이기 위해서라면?

P. S.

누군가 이의를 제기한다. 결혼식 하객 수에 집착하는 건 '체면'의 문제만이 아니라고. '실리'의 문제이기도 하다는 것이다. 축의금! 아, 듣고 보니… 그런데 둘 중 어떤 게 우리에게는 더 중요한 걸까?

E - SPOT

R.S.V.P. 회신 바람. 불어로 *répondez s`il vous plaît*(please reply)의 약자다. 참석은 물론이고, 불참할 때도 반드시 알려주는 것이 에티켓이다.
save face 체면을 세우다.
lose face 체면을 구기다.

최근 재미있는 글을 읽었다. 옛날 영국 사람들은 일주일 가운데 결혼하기 가장 좋은 날을 수요일이라고 여겼단다. 그리고 토요일은 재수 없는 날! 어쩌면 요즘 이혼율이 급증하는 이유도 하필 토요일에 결혼식을 올리는 사람들이 많아서 그런 거일지 모른다는 코멘트와 함께 아래와 같이 소개해놓고 있다.

Monday for wealth. 월요일에 결혼하면 부자가 되고
Tuesday for health. 화요일에 결혼하면 건강해지리니
Wednesday the best day of all. 그 가운데 최고의 길일은 수요일 결혼!
Thursday for losses, 하지만 목요일에 결혼하면 손실을 입고
Friday for crosses, 금요일에 결혼하면 시련을 겪고
Saturday for no luck at all. 토요일에 결혼하면 지지리도 운이 없으리라

얼굴, 정말 작으시다!

What if?

"You have a really small face!"(얼굴이 엄청 작으시네요!)

이 말이 의미하는 바는?

(a) 칭찬   (b) 객관적 평가   (c) 비난

누가누가 더 작나? 요즘 우리 사회는 유독 작은 얼굴을 선호하는 눈치다. 소위 '소두 연예인'들의 인증샷에는 '동안'만큼이나 부러움의 댓글이 장사진을 친다. 다른 인종에 비해 커다란 두상이 특징인 우리. 얼굴이 작다는 건 특급 칭찬으로 통한다! 아무래도 얼굴이 작다 보면 전체적인 신체비율이 늘씬해 보일 테니까!

하지만 타고나길 후리후리한 키에 조막만 한 얼굴로 태어나는 인종들 사이에서는 머리의 크기가 관심사일 리 만무.

아니 예외가 있긴 하다. 지나치게 작아 병이 아닐까 염려될 정도인 상황에서 그렇다. (실제로 '소두증microcephaly'이라는 병도 있다.) 그러니 얼굴이 작다는 게 왜 칭찬인지, 아니 왜 그다지도 얼굴 크기에 집착하는지 그들로서는 당췌 갸우뚱할 밖에…

P.S.

몇 해 전 일본의 한 예능 프로에 월드스타인 미국 가수 마돈나Madonna가 출연한 적이 있었다. 그녀의 얼굴을 바라보며 이런저런 걸 묻던 일본인 MC가 뜬금없이, 하지만 진심으로 던진 말.

"와~ 얼굴 엄청 작네요."

나름 특급 칭찬이었을 게다. 헌데 마돈나의 반응이 영 떨떠름하다.

"…yes? but my heart is so big!"(근데요? 하지만 마음은 엄청 넓다고요!)

역시 마돈나, 받아치는 내공이 만만치 않다. 그녀의 표정으로 봐서 MC의 칭찬이 그녀에겐 통하지 않은 게 분명하다.

입 가리고 까꿍하는 어른들

일본에서 유학한 한 미국인은 십여 년 뒤 본국으로 돌아가 한 인터뷰에서 "부족하나마…"와 같은 표현을 쓰는 바람에 면접관들을 경악케 할 정도로 동양식 사고방식과 언어습관에 익숙해졌다고 한다. 그런데 그런 그조차 딱 한 가지 영 익숙해지지 않는 게 있다고 하는데… 바로 웃을 때 입 가리고 웃는 행동! 어, 우리도 그런데?

뭔가 감추려거나 아니면 몰래 상대를 비웃거나. 입을 가리고 웃는 모습은 볼 때마다 마음이 불편하다는 것이 그의 설명이다. 그렇군. 그럼 일본인이나 우리는 왜 그런 행동을 하는 걸까? 드러내지 않고 다소곳하게! 그게 교양있는 행동이라고 생각하기 때문일 것이다. 예의바른 여성이라면 입을 크게 벌리고 시끄럽게 웃어선 안 된다고 여기는 정서가 우리에겐 있다.

게다가 입 가리고 웃는 건 비단 여성뿐만이 아니다. 의외로 남성들 가운데도 그런 경우를 종종 본다. 차이가 있다면 여성들이 손을 보자기 삼아 가린 채 "홍~홍~홍!" 웃는 데 비해, 남성은 주먹 쥔 손으로 가리고 "허! 허! 허!" 그렇게 하면 좀 더 남성답게 보인다고 생각하는 걸까? 암튼, 입을 가리고 웃는 것이 신중하고 겸손해 보인다는 의식이 우리들 가운데 있긴 있는 것 같다.

한편 이모티콘에 대한 글에서도 언급했듯(249쪽 참조), 눈을 중심으로 표정을 이해하려는 동양인들에 비해 서양인들은 입을 중심으로 표정을 이해하는 경향이 있다. 그런 그들의 눈에 입을 가리고 웃는 행동은 뭔가를 감춘다는 혐의에다가 표정을 읽어낼 단서까지 없애 버리는 행동으로 비춰지기 십상이다.

put a hand over one's mouth. 손으로 입을 가리다.

근데, 학번은 왜 물어보는데요?

영화 〈레옹〉에서 화분을 옆에 끼고 걷던 그 소녀 나탈리 포트만Natalie Portman. 그 후 소녀는 하버드 대학에 들어갔다. class of 2003. 그의 프로필에 적힌 학번이다. 이때 2003은 무엇을 가리킬까?

(a) 입학년도　　(b) 졸업년도

답은 (b). 미국식 학번은 졸업년도를 기준으로 한다. 입학년도를 기준으로 하는 우리식대로라면 나탈리 포트만은 99학번.

왜 이런 차이가 생기는지 생각해볼 때, 얼핏 드는 생각은 입학에 더 의미를 두느냐, 졸업에 더 의미를 두느냐에 따라 기준이 다르기 때문이 아닐까 하는 것이다. 그 학교에 들어갔다는 사실을 더 중요하게 여기는지, 혹은 그 학교에서의 과정을 다 마쳤다는 사실을 더 중요하게 여기는지 말이다. 아니면 입학하는 게 더 어려운지, 졸업하는 게 더 어려운지 그 차이에 따라? 암튼 어느 곳에서는 입학년도를, 또 다른 곳에서는 졸업년도를 학번으로 부른다는 사실. 모르면 오해하기 쉬운 우리와 그들 사이의 서로 다른 언어문화의 차이다.

그런데 "학번이 어떻게 되시는지…?"라는 질문.
선배인지 후배인지 모르니 일단 말끝을 흐리며 하는 이 질문이 이곳에서는 꽤 자주 들리지 않는가? 묻는 이유야 여러 가지가 있겠지만 일단 나이나 학번으로 서열 정리를 하는데 아주 유용하기 때문이다. 그런데 영미권 친구들이 학번을 물을 때가 있다. "What class were you in?" 그것 알아서 어디다 쓰려고 묻는걸까?

갑자기 비가 나를...

갑자기 쏟아진 소낙비 때문에 출근이 늦었다. 상사에게 "Sorry for being late." 그리고 그 이유를 설명하고 싶은데 어떻게 말하면 좋을까?

(a) I was caught in a sudden shower on the way here.

(b) A sudden shower kept me late on the way here.

우리에게 편안한 것은 ⓐ다. 그리고 그렇게 말해도 그들 또한 다 알아듣는다. 그런데 그들 사이에서는 ⓑ라는 표현이 더 자주 쓰이는 눈치다. 소낙비가 나를? 무생물 혹은 사물을 주어로 하는 언어습관은 우리 정서에는 좀 낯설고 불편하다.

이걸 두고 수직적 사고방식의 현상으로 해석한다면, too much? 즉 "인간은 만물의 영장이니 맨 위에, 나머지는 그 아래로 줄을 서시오!"가 아닐는지. 인도의 카스트처럼, 조선시대의 사농공상처럼 위-아래가 엄연하다고 보는 관점. 주어는 문장의 상석이거늘, 그 자리에 아무나 앉히지 않겠다는 의지가 그 밑에 깔려 있는 것인지도 모르겠다. 무의식 속에 그런 관점을 지니고 있다면 아무리 달달 외워도 "What kept you late?" 같은 표현은 목에 걸리고 만다. 이 표현이 "왜 늦었냐?"고 묻는 그들의 일상적인 표현이라는 걸 알면서도 말이다.

그런 측면에서 영어는 우리의 정서와 다른 관점을 취하고 있는 것이다. 그게 무엇이든 그것 때문에 무슨 일이 벌어지면 인과관계의 주체로 등극시키는 관점. 사물이든 상황이든 감정이든… 그것이 그 상황을 전달하는 주체라면 문장의 주어가 될 수 있다. 우리말과 다른 점이다. 그 차이를 무시하고 번역을 했다가는? '비가 나를 붙들어서 늦었다'는 국적 불명의 표현이 탄생하고 만다.

빌게이츠의 '한손 악수'

"Hi, Nice to meet you."

당신보다 젊어도 한참 젊은 미국인 아놀드. 처음 만난 자리에서 한 손을 바지주머니에 넣은 채 악수를 했다. 이건 무슨 의도일까?

ⓐ 당신을 우습게 봐서   ⓑ 아무 생각 없이 평소대로

당사자에게 직접 물어보기 전에는 모를 일. 하지만 이곳에는 ⓐ상대적으로 우습게 봐서 그런다고 생각하는 이들이 많다. 한국을 방문했을 때 빌게이츠가 불러일으킨 소위 '한손 악수' 논쟁만 봐도 그렇다. 당시 그는 우리 대통령과 인사를 하면서 '한 손을 바지 주머니에 넣은 채' 악수를 했다. 이를 두고 여론과 언론이 들끓었다. 한 마디로 분기탱천 모드. 무례하기 짝이 없다는 것이다. 예의를 따지고 법도를 따지는 유교 문화의 시각에서 보자면 도저히 이해할 수도 용납될 수도 없는 장면이다.

"지가 뭔대… 감히 어느 안전이라고…"

'무례'를 '차이'나 '무지'가 아닌 '무시'로 읽혔던 게 분명하다. 무시? 그건 어느 나라에서든, 어느 문화권에서든 관계의 치명적 '독' 가운데 하나다. 부글거릴 만도 하다. 하지만 자주 부글거리면 상하는 것은 이쪽 속이라는 점~! 게다가 상대는 전혀 '무시'할 의도가 아니었다면? 억울한 불통 사례라고나 할까. 한쪽은 괜히 분하고 다른 한쪽은 괜히 억울할 판이니…

그나저나 빌 게이츠는 정말 무시할 작정으로 그리 했던 걸까? 아니면 다른 의도가? 역시 당사자에게 물어보기 전에는 모를 일이다. 하지만 그 전의 행적으로 봐서 '별 뜻 없이 그냥…'일 확률이 상당히 높다. 프랑스 대통령, UN 사무총장이나 IMF 총재 등 높은 분들을 만났을 때도 역시 열에 아홉 번은 한손 악수를 즐겨온 걸 보면 말이다.

자기소개, 무엇부터?

새로운 모임에 나가면 자기소개를 할 기회가 주어진다. 이때 무슨 말부터 할
것인가? 순서대로 고른다면?

고향 – 직업 – 소속 – 직급 – 이름 – 나이 – 전공 – 가족 – 취미 – 희망

언젠가 KBS에서 〈공부하는 인간Homo Academicus〉이라는 다큐멘터리를 방영한 적이 있다. 공부와 관련하여 동서양 여러 나라 학생들의 다양한 모습을 보여준 기획 특집물이다. 그 가운데 자기소개를 하는 장면. 동양 학생들은 주로 '소속된 학교-학년-이름-가족 소개'를 한 후 그제야 자신의 개인적인 것들을 소개했다. 반면 서양 학생들은 이름을 말한 뒤 개인적인 것들을 주로 언급했다. 구체적이고 개인적인 것에서 일반적으로 전개되는 서양의 귀납식 사고와 전체적인 것에서 개인적인 것으로 전개되는 동양의 연역식 사고를 보여주는 전형적인 사례다. 또 한 가지 재밌는 현상은 누가 시키지 않아도 동양 학생들은 자신의 나이가 몇 살인지 소위 '민증'부터 깠다는 사실! 왜? 집단주의 문화에서는 서열이 중요하니까!

P.S.

우리에게 나이가 얼마나 중요한지는 연예인이라고 예외가 아니다. 죽을 때까지 만인의 연인으로 남고 싶고 나이와 상관없이 맑은 배역으로 기억되고 싶은데, 방송이고 신문이고 언론이란 언론은 이름 옆에 괄호를 치고 꼬박꼬박 나이, 그것도 한국 나이를 적어놓는다고 억울해하던 여배우가 생각난다.

Q. '실내화'는 자신을 영어로 어떻게 소개할까?
A. …Excuse me! (실내합니당~)

'정치적으로'올바르신가요?

다음 질문 가운데 '정치적으로 올바른politically correct' 표현은?

(a) Do you have a girl friend?　　　(b) Are you seeing anyone?

답은 (b). 그 이유를 이제부터 살펴보자.

요즘은 유치원생 초등학생에게도 묻는다. 여학생에게는 남자친구 있냐고. 남학생에게는 여자친구 있냐고. "사귀는 여자는 있어?", "만나는 남자는 있고?" 나이가 꽉 차도록 시집·장가를 가지 않은, 혹은 못한 이들에게 이 질문은 a must-ask인 듯하다. 적어도 우리 사회에서는 말이다.

그런데 그 질문을 받는 이가 동성애자라면? 에이 무슨 그런… 하지만 그럴 수도 있지 않은가.

그럼에도 불구하고 우리는 자기도 모르는 사이에 세상에는 '남녀' 사이의 연애 혹은 사랑만 있는 것처럼 말하고 행동하기 일쑤다. '개성에 맞춰 살아갈 자유'를 신봉하고 있노라고 말하는 영어권, 특히 미국 사회도 마찬가지다. 다만 그런 차이가 있다면 그곳에서는 그런 말과 행동을 대놓고 할 경우 문제가 될 수 있다는 점! 한 마디로 '정치적으로 올바르지 않다politically incorrect'는 비난을 면키 어려운 것이다. 성적 취향에는 straight(이성애자)만 있는 게 아니기 때문이다. 흔히 L-G-T-B, 즉 '레즈비언-게이-트랜스젠더-바이섹슈얼로 표현되듯 그 스펙트럼이 다양하다.

한편 politically correct라는 이 표현은 줄여서 PC라고도 하는데, 그 의미는 한 마디로 말해 '차별금지'다. 인종, 성별, 종교, 문화, 정치성향, 외모, 키, 피부색, 성적 취향… 그 어떤 '차이'로도 차별받거나 배제당해서는 안 된다는 '이민자들의 나라' 미국사회의 금기taboo다. 하긴 세상 곳곳에서 모여들다 보니 피부도 인종도 종교도 문화도 다 제각각이니 그럴 만도 하다. 한때 그 차이를 용광로melting pot에 녹여 매끈하게 새로운 정체성을 만들어야 한다던 시절이 있었다. 하지만 그게 어디 쉬운가. 결국 각자의 개성을 인정하면서 미국이라고 하는 샐러드볼salad bowl 속에서 함께 살기로 한 것이다. 이것이 차별과 배제를 금기하는 Politically Correctness에 유달리 민감한 이유다.

생각해보니 우리말에도 '정치적으로 올바르지 않다'는 여론에 밀려 뒷전으로 밀리거나 사라진 단어들이 꽤 있다. '과부, 거지, 식모, 맹인, 땅딸보…'. 그런데 요새는 '과부'라는 말 대신 '미망인'이라는 표현을 자주 접하게 된다. 왠지 고상하게 들리는가? 하지만 뜻을 살피면 고상과는 거리가 멀다. '남편 따라 죽지 않고 아직 살아있는 이'가 그 의미이니….

둘러보면 또 얼마나 많을까, 누군가를 힘 빠지게 하는 그런 말들! 그런 말들을 쓰지 않기로 다 같이 약속하자는 게 P.C. 운동의 취지다.

E - SPOT

성차별 금지와 관련된, PC language에는 다음과 같은 것들이 있다.

spokesman ⇨ spokesperson 대변인
fireman ⇨ fire fighter 소방수
steward, stewardess ⇨ flight attendant 비행기 승무원
negro ⇨ Afro-american 미국의 흑인
the disabled/handicapped ⇨ physically impaired 장애인
manhole ⇨ utility hole 맨홀
chairman ⇨ chair person 의장

수직으로 바라보는 언어 vs 수평으로 바라보는 언어

우리말에서는 유독 위아래를 따지는 언어들이 많다. 직급을 나타내는 말들이 그렇고, 항렬을 따지는 말들이 그렇다. 그러한 말들을 챙기는 언어습관의 밑바탕엔, 세상을 수직으로 바라보는 관점vertical perspective이 존재한다. 더불어 모여 살다 보니 질서 정연하고 일사분란한 체계와 언어가 필요했기 때문이다. 층층시하 위계를 나타내는 명칭들이 우리말에 넘쳐나는 것 또한 그래서다. 여기에 '관계의 정'이 더해지면 그 말을 둘러싸는 어조는 아주 끈끈하고 푸근해진다. 하지만 '관계의 도리'가 강조될 때도 있으니 그런 경우, 대개 어조는 엄격하고 진지해진다.

한편, 위아래 관계가 모호할 때도 있다. 이 경우 대화방식은 '한수 위one-up position'임을 드러내거나 인정받으려는 쪽으로 전개되기 일쑤다. 때로는 노골적으로, 때로는 보이지 않게 누가 위이고 누가 아래인지를 놓고 신경전이 벌어지곤 한다. 심지어 길거리에서 처음 맞부딪친 낯선 이들조차 싸우다가 말이 막히면 뜬금없이 "몇 살이야, 너?", "너는 애비 애미도 없냐?"는 질문이 튀어나온다.

결국 나이로, 항렬로 위아래를 가리겠다는 건데… 요즘 같은 세상에 그런 게 먹히겠나 싶지만 여전히 심심찮게 들려오는 걸 보면, 먹히는 구석이 남아 있나보다.

반면 영어는 상대적으로 세상을 수평으로 바라보려는 관점horizontal perspective의 언어다. 위아래보다는 옆으로 나란히! 최대한 예의를 갖추긴 해도 상대를 높이고 나를 낮추는 언어습관은 그래서 그들의 방식이 아니다. 한때 그들에게도 위계질서가 엄중했던 역사가 있었다. 종교적 지배로 인해 자유로울 수도 평등할 수도 없었던 중세 암흑기. 그 트라우마로 인한 반작용인 걸까. '자유'와 '평등'은 그들에게 제1의 종교가 되었다. 그리고 그에 대한 신앙은 일상의 언어습관에서 그대로 배어나온다. 나이로 치면 한참 아래의 빌게이츠가 한참 위인 워렌 버핏을 만났을 때 "Hi, Warren!", "Hey, Bill!". 이제 막 입사한 신입사원 헤일리가 케빈 사장님을 만났을 때도 "Good morning, Kevin!", "Good morning, Hayley!"

어떤 문화 어떤 언어든, 그런 현상 뒤에는 나름의 이유가 있다. 그리고 너무나 당연한 말이겠지만 수평을 지향하는 사회에도 수직의 관계가 필요하고, 수직을 지향하는 사회에도 수평의 관계가 존재하기 마련이다. 그러나 순수하게 사람과 사람. 그 사이는 수평일수록 소통으로 이어질 가능성이 높다.

P.S.
수평적인 직장문화를 만들기 위한 목적으로 직장 내 호칭을 모두 영어 이름으로 바꿨던 한국 회사가 있었다. 결과는? 오래 못 갔다. 관점이 바뀌지 않는 한 빌려온 언어습관이 일상이 되긴 어려운 것이다. 그리고 이런 시도에 대해 못마땅해 하는 오뭇 국장님이 계셨다. 그랬던 그가 누가 시키지도 않았는데, "Good morning!"이라고 먼저 영어로 인사한 적이 있다. 자기보다 나이도 직급도 한참 아래였던 이 아무개가 상무로 전격 발탁되어 첫 출근한 날이다! 엘리베이터 앞에서 마주친 그에게 도저히 "안녕하세요, 상무님!" 소리가 안 나왔기 때문이란다.

Part 6

침묵으로 대화하는 언어
vs.
소리내어 대화하는 언어

강의실 모범생

학기 내내 강의실 맨 앞자리에 앉아 조용히 강의를 받아 적고, 토론을 할 때도 남의 의견을 열심히 경청하는 학생이 있다. 교수님의 눈에는 어떻게 보일까?

ⓐ 정말 열심히 공부하고 남들을 배려하는 모범생이군.

ⓑ 저 학생, 이해는 한 걸까? 자기 생각은 있는 걸까?

이곳에서는 (a)열심히 공부하고 남들을 배려하는 모범생이라고 여긴다. 하지만 영미권에서는 (b)'이해는 한 걸까? 자기 생각은 있는 걸까?' 걱정스럽게 비칠 가능성이 높다.

푸에르토 리코의 아이들은 다음과 같은 말을 듣고 자란다고 한다. "닭이 오줌 눌 때만 아이들은 말하는 거야!Los niños hablan cuando las gallinas mean." 방광이 없으니 오줌 눌 일도 없는 게 닭. 말인즉슨, 어른들 이야기할 때 애들은 입 뻥끗도 하지 말라는 거다. 우리도 비슷한 말을 들으며 자라지 않았는가? 어른이 말씀하실 때는 오직 listen carefully! 그러다 보니 자기 생각을 주장하고 표현하거나 다른 생각에 대해 질문하는 게 익숙지 않고 그런 이들을 보는 시선 또한 곱지 않다. 한 마디로 질문 권하지 않는 사회다.

그렇다면 영미권은? 주장하고 표현하고 질문하는 것이야말로 생각이 서로 다른 개인들이 더불어 살아갈 수 있는 생존 기술이고 관계의 기술이라고 여기는 문화다. (물론 그런 행동이 지나치면 그곳에서도 역시 낙인이 찍힐 수 있다. 예를 들면 askhole처럼. 하지만 그 딱지는 질문을 많이 해서라기보다 질문을 위한 질문. 즉 대답에는 관심이 없거나 대답을 무시하는 질문 태도 때문에 찍히는 낙인이다.)

언젠가 한 신문에 아주 마음 불편한, 그러면서도 공감할 수밖에 없는 제목의 기사가 실렸다. '질문도 못하는 한국 대학생들'. 87명의 해외 석학들에게 물었더니 "한국 학생들은 질문을 잘한다."고 응답한 이들이 불과 7퍼센트라는 것.[1] 미래 우리 사회의 기둥이 될 그들인지라 이 기사를 읽는 이들의 걱정이 컸다. 그러나 어디 우리 대학생만 그러할까?

어떻게 네가 나한테!!!

억울하고 분한 걸 참다 참다 생기는 울화병.

화병으로 더 알려져 있는 이 병을 영어로 옮기면?

(a) anger syndrome   (b) Hwa-byung

원래 갈 마음도
없었지만
니들이 나를 안불러?!

"어떻게 네가 나한테!" 영어로 하자면 "How could you!"

당연한 '정리定理'이자 '상식'이라고 생각한 '기대'를 저버린 그에게 참다 참다 못해 터뜨린 항의이자 절규. 내 맘 같지 않게 행동한 상대에게 하는 말이다. 친구라면, 부부라면, 부모라면, 인간이라면 그럴 수는 없는 거라고 생각하다 가 감정이 더 격해지면 한 마디가 추가되기에 이른다.

"감히!"

이쯤 되면 영어 표현이 "How could you!에서 How dare you!"가 된다. 그리 고 이럴 때 뒤따르는 "Don't you know who I am!" 이것은 질문이 아니다. 경고이자 엄포다.

《How Dare You Say How Dare Me!》라는 제목의 책이 있다. 우리말로 하자 면, '너 지금 뭐라고 했어? 어떻게 내가 너한테 감히 그럴 수가 있냐고? 아니, 어떻게 네가 감히 나한테 그런 말을 할 수가 있어?' 정도가 되겠다.

서로가 서로에게 무척 화가 나 있는 관계 속 배신의 드라마! 사람 사는 곳 어딘들 이런 일이 없겠나… 마는, 유독 이곳에선 그 현상이 병으로 이어지는 경우가 많다. 이름하여 '화병火病' 또는 '울화병鬱火病'! 화병의 영어명은 ondol 이나 kimchi처럼 세상 어디에도 없기에 우리말 발음 그대로 Hwa-byung이 다. 일종의 분노증후군anger syndrome이라고 할 수 있지만, 그보다는 뭔가 특 별한 구석이 있기에 따로 Hwa-byung이라 부르는 것일 게다. 한편 미국정신 의학회American Psychological Association는 그곳에 살고 있는 다양한 민족들의 질병을 연구하는 가운데 한국인의 경우, 화병이라는 독특한 문화질병을 보이

는 사례가 많다고 보고하고 있다.[2]

사람인 이상 억울하고 분하다는 감정, 그로 인해 일어나는 분노가 없을 수는 없다. 문제는 그런 감정을 다루는 방식이다! 우리 사회에서는 유난히 남다른 '우리 사이'의 도리와 그에 따른 기대가 넘친다. 그런 가운데 '과유불급'과 '참을 忍 석자'에 대한 믿음이 깊다. 표현보다는 침묵을 선호하는 가운데 절제하고 참는다. 그러나 감정은 참을 대상이 아니라 이해해야 할 대상! 참을 忍자 세 번이면 살인을 면할진 몰라도, 자살골이 될 수도 있다. 그 글자 속의 칼刀로 마음心에 치명상을 입을 수도 있다는 말이다.

E - SPOT
How dare you! 네가 감히 내게 어떻게 그럴 수가 있어!
Don't you dare! 그러기만 해봐, 너!
I dare you. 한번 도전해봐.
Why don't you give it a try? 라고 말하면 혹시나 주제넘은 충고나 조언으로 들릴 수도 있다. "내가 감히 네게 말하자면…" 뭐 이런 뉘앙스라고나 할까.

오바마 대통령이
한국기자들에게만 준 깜짝 선물

2010년 서울에서 열린 G20 총회 마지막 날. 기자회견에서 오바마가 주최국인 한국 기자들에게 깜짝 선물(?)을 주었다. 다른 나라 기자들을 다 제치고 한국 기자에게 질문할 기회를 준 것!

"I feel obliged to take maybe one question from Korean press, since you guys have been such excellent hosts."(아무래도 한국 기자단에게 특별히 질문할 기회를 드려야할 것 같군요. 주최국 역할을 아주 멋지게 해내셨잖아요.)

그러나… 그러나… excellent hosts라 불린 그곳의 어떤 한국 기자도 선뜻 그 선물을 받지 않았다. 당황한 기색 속에서 서로의 눈치만 볼 뿐. "No takers?" 당황한 오바마 대통령의 수차례에 걸친 재촉에도 불구하고 장내에는 한동안 불편하고 어색한 침묵이 흘렀다.

마침내 한 기자가 말문을 열었다. 하지만 그는 중국인 기자였다! 당시 중국과의 관계가 껄끄러웠던 오바마 입장에선 불편을 넘어 불쾌해질 지경. 이쯤 되면 한국 기자의 질문은 오바마의 선물이 아니라 오바마의 구세주가 될 판이다. 하지만 야속한 한국 기자들은 끝내 누구 하나 손들지 않았다. 결국 질문권은 야심찬 눈빛의 그 중국인 기자에게 돌아갔다. 평소 한국 교육의 우수성을 동경했던 오바마 대통령, 과연 이 상황을 어떻게 해석했을까?

당시 언론에는 '남의 질문을 가로챈 무례한 중국 기자'의 문제로 보도되었다. 그곳에 있었던 기자들의 눈에는 그 중국 기자의 문제만 보였던 걸까? 오바마의 눈에는 한국 기자들의 '영어 울렁증' 문제로 보인 듯하다. 통역이 있으니 걱정 말고 한국말로 질문을 하라고 뒤이어 배려한 걸 보면 말이다. 하지만 한국 기자들은 끝끝내 입을 다물었다. 만일 이 상황이 일상 속에서 벌어졌다면? 상대는 아마도 '어, 이건 뭐지? 날 무시하는 건가?' 오해할 수도 있는 상황이다. 물론 영어 울렁증 때문일 수도 있다. 하지만 G20 기자회견장. 영어 잘하는 국제부 기자들이 어디 한둘이었겠나. 그런데 왜? 짚이는 구석이 있다. 그곳의 한국 기자들 모습이 곧 우리의 모습이지 않은가.

그것을 이름하여 '질문 울렁증!'

G20과 같은 국제회의장은 물론, 학교에서도 직장에서도 우리는 질문을 하지 않는다. 아니 두려워서 못한다. 쓸데없는 걸 묻는다고 할까 봐, 잘난 척 나댄다고 할까 봐. 이곳의 오래된 속담은 이럴 때 어떻게 처신해야 하는지 알려주고 있다. "열 벙어리가 말을 해도 가만히 있어라!"

그러다 보니 언젠가부터 용기 내어 질문하는 친구나 동료들을 보면 우리가 두려워하던 그 눈빛을 보내게 되었으니. 그런 우리들 가운데 누군가가 기자가 되어 그 자리에 있었던 것뿐이다.

I feel very nervous about speaking English. 영어 울렁증이 있어.

웃는 얼굴에 침 뱉을 수도

휴대전화로 통화를 하며 거리를 걷던 한국인 청년이 실수로 외국인 아저씨의 어깨를 건드렸다. 통화 중이기도 하고, 갈 길이 바쁘기도 하고, 게다가 외국인이기도 하고… 미안하다는 의미로 가벼운 미소와 함께 고개를 까딱해 보였다. 말없이! 그리고 가던 길을 가려는데, 그 외국인 아저씨가 불쾌한 표정으로 앞을 가로막는다. "What's so funny, huh?"(당신 눈엔 이 상황이 웃기니?)

"웃는 얼굴에 침 못 뱉는다."는 말을 철석 같이 믿기 때문일까? 우리는 미안한 마음이 들 때 미소를 지어보이곤 한다. 그뿐이랴. 뭔가 어색한 기분이 들 때도 마찬가지. 어떻게든 웃음으로 때워보려고 애쓴다. 하지만 자칫 그러다가는 웃는 얼굴에 침 맞을 일이 생길지 모르니 요주의!

일단 영미권 사람들에게 미소는 "미안해."가 아니다. 진지한 사과를 해야 할 상황에서 미소라니! 그들에게 그것은 무책임, 무시, 심지어 비웃음으로 비칠 가능성이 높다. "에이 그깟 걸로 뭘 그래?", "어쩔 수 없었는걸!", "그냥 웃고 넘어가자고!" 미안하다는 말을 대신하는 우리의 미소를 그들이 불쾌하게 여기는 것이다. 또 하나. 진지한 대화 중에 뜬금없이 등장하는 웃음도 그들에겐 당황스럽고 황당스럽긴 마찬가지라고.
"난 지금 별로 진지하게 대화하고 싶지 않거든!"
대략 그런 메시지로 해석되기 때문이다.

그런데, 정말 궁금하다. 우리는 그런 상황에서 왜 웃는 걸까?

이모티콘에도 국경이?

외국인 친구와 문자 메시지를 주고받던 중 웃고 있다는 걸
나타내려면 어떻게 표시할까?

(a) ^^   (b) :)

우리는 (a). 영어권은 (b).

엥, 이모티콘도 달라? 설사 다르다 쳐. 척 보면 모르나, 그게 무슨 뜻인지? 아무리 봐도 모르는 이는 ^^, --;, ㅠㅠ가 무슨 뜻인지 모른다. 우리 눈에는 그 표정의 메시지가 너무나 명명백백한데, 그들에게는 풀기 어려운 암호로 비쳐진단다.

감정emotion을 전달하는 아이콘icon이란 합성어 '이모티콘'에도 국경이 있다는 사실을 의외로 모르는 이들이 많다. 그리고 언어나 문화에 따라서 그 표현 방식이 사뭇 다르다는 사실도 누군가에겐 아주 생소하게 들리는 모양이다.

간단히 말하자면 우리의 이모티콘은 ^^, ㅠㅠ처럼 눈 모양을 중심으로 위에서 아래로 구성되는 반면, 영어권의 이모티콘은 입 모양을 중심으로 옆으로 구성된다. 예를 들면 :), :(, :/, :-P

어떤 학자는 이 차이를 눈 모양을 중심으로 표정을 읽는 동양인과 입 모양을 중심으로 표정을 읽는 서양인의 차이로 설명하기도 한다. 흠, 그러고 보니 그런 것 같기도 하고.[3]

또 한 가지. 이 대목에서 주목할 만한 현상은 이모티콘의 사용 빈도다. 이모티콘 없는 문자 채팅? 이곳에서는 보기 드물다. 남녀노소 불문하고 하고 싶은 말, 해야 할 말을 다양한 이모티콘에 잔뜩 버무려 보낸다. 하지만 영어권에서는? 디지털 키드digital kid라 불리는 젊은 세대를 제외하고는 글쎄… 상대적으로 이모티콘 사용에 인색하다. 이 차이, 어쩌면 논리적 맥락을 중시하는 서양 문화와 감성적 맥락을 중시하는 동양 문화에 따른 언어습관 때문이 아닐까 싶다.

우리에게 이모티콘이 더 특별하게 여겨지는 이유는 행간의 감성적 맥락이 결과적으로 얼마나 대단한 영향력을 발휘하는지 절감하기 때문이다. 그러다 보니 자기도 모르게 말은 길어지고 자세와 표정은 조심조심. 게다가 얼굴도 안 보이고 목소리도 들리지 않는 문자 채팅이라면? 우리로서는 가히 소통의 난 코스라 할 만하다. 전하고 싶은 마음, 전해야만 하는 감정… 중간에 배달사고라도 나면 어쩐다? 그 불안함을 없애주는 훌륭한 도구가 바로 이모티콘이다 보니 자칫 남용하고픈 유혹에 빠지기도 쉽다. 반대로 남들 다 쓰는 이모티콘 없이 문자만 보냈다가 오해를 산 경우는 또 얼마나 많던가. --;

P.S.

오래전에 들었던 일화다. 친구가 엄마에게 문자를 가르쳐드렸단다. 그런데 말 끝마다 붙은 ㅋ를 보고 엄마가 이건 뭐냐고 물었단다. 그래서 답하기를 "그 냥 뒤에 붙이는 거야." 그리고 몇 달 뒤, 엄마가 보낸 문자.
"집에 빨리 들어와라, 할아버지 돌아가셨다. ㅋㅋㅋ"

E · SPOT

Be case-sensitive, when texting!(문자를 보낼 때는, 대소문자 신경쓸 것!)
혹시 대문자로만 된 영어 문자 메시지를 보낸 적은 없는지? '나 무척 화났거든!' 혹은 '됐고, 내 말은…'과 같은 의도치 않은 메시지가 같이 전달될 가능성도 있다니 유의하시길. 그 외 '이 말은 꼭 강조하고 싶어!' 혹은 '나 지금 굉장히 up된 상태라우!'라는 귀띔일 때도 있단다.

말없는 호의는, 은근? 위험?

알고 보면 '과묵한 천사'지만 불의를 보면 불끈해서 별명이 '성질 사나운 미녀'였던 후배가 있다. 그의 영국 유학시절 이야기다. 대형 수퍼마켓에서 장을 보고 계산대에 줄 서 있는데, 바로 앞에 꼬부랑 노부부가 있었다. 엄청나게 많은 물건을 봉투에 담고 계셨지만 속도를 보니 한참 걸릴 걸 같았단다.

후배는 안쓰러운 마음에 그 노부부의 물건을 다른 봉지에 담아주기 시작했다. 그런데 이게 웬일! 노부부가 듀엣으로 마구마구 성을 내며 후배가 담은 물건을 도로 빼내는 게 아닌가! 당시만 해도 유학초기인데다가 주변 사람들의 시선이 화끈거리기도 하고 그분들의 틀니 사이로 새는 발음에 정신을 못 차려 후배는 겨우 모기만 한 소리로 말했단다.

"I just wanted to help you…"(저는 그저 도와 드릴려고 했던 건데…)

그제야 노부부의 표정에서 경계의 빛이 사라지더란다. 그런 줄은 꿈에도 생각 못하고 이 동양처자가 자기 물건인 줄 착각하고 주워담는 줄 알았다며 뒤늦게 감사를 표했다는 다행히 해피엔딩 스토리.

호의든 악의든 남의 일에 '말없이' 끼어드는 건 위험천만한 일일 때가 많다. 특히 개인주의 문화에다 표현주의 문화라면 더더욱 그렇다! 그곳 정서상 사전 설명이나 양해 없이 내 구역으로 들어서거나 내 물건에 손을 대면 오해받거나 위험하거나 둘 중 하나.

하지만 이곳의 정서야 어디 그러한가. 말보다 손이 다정한 사람들이 이곳에는 참 많다. 말없이 짐을 들어주고 말없이 맛난 것들 챙겨주는 손…. 생색내지 않고 말없이 호의를 베푸는 그 손길은 얼마나 그윽하고 따뜻한지… 알 만한 사람은 다 안다. 하지만 상대가 '말하지 않아도 알 만한 사람'이 아니라면? 실제로 버스 안에서 외국인의 짐을 '말없이' 들어주려 했다가 낭패당할 뻔한 경우를 본 적이 있다.

과묵한 손길도 손길이지만 도움의 손길을 자처하는 경우에도 명심할 것이 있다. 설사 오해 없이 그 의도를 전달한다 해도 '요청하지 않은' 도움의 손길에는 자칫 do-gooder라는 반어적 표현의 낙인이 찍힐 수도 있다는 점. 옳은 일, 착한 일, 좋은 일이라 확신한다 해도 상대가 원하지 않는다면 그건 결과적으로 '틀린 일', '나쁜 일', '싫은 일'이 될 수도 있음을 명심하자.

P.S.

외국인들 사이에 Korean Style이라고 불리는 대화방식이 있다.

가령 여행 중에 만나 한국인임을 알고 이런저런 질문을 했는데

말없이 고개만 도리도리 *끄덕끄덕* 의사표시를 할 경우,

그들은 '아, 한국사람 맞네!' 싶다고.

E - SPOT

I'll hold your bag for you. 제가 가방을 들어 드릴게요.(하지만 이 말보다는 그가 원하는
지 먼저 물어보자.)

Would you like me to hold your bag for you? 제가 가방을 들어 드릴까요?

본격적인 회의는 주차장에서!

한인들이 많이 사는 미국의 한 교회.

예배를 끝내고 곧 있을 행사 진행에 대한 안내가 이어졌다.

"Any Question?"

여기저기서 손이 올라간다. 다양한 질문들이 개진되었고 이에 따라 대답과 의견이 나왔다. 하지만 한인들은 여전히 묵언수행 모드.

마침내 모든 일정이 끝나고 집으로 돌아가는 길, 주차장에 몇 명의 한인들이 모여 뭔가 심각하게 이야기를 나누고 있었다. 한 손에는 곧 출발할 것처럼 자동차 열쇠를 쥔 채…. 방금 전 끝난 회의가 다시 시작되고 있었던 것이다. 아니 그렇게 묻고 싶고, 하고 싶은 말이 많았는데 아까는 왜? 익숙한 장면이기라도 한 듯, 마침 지나가던 목사님이 웃으며 묻는다.

"Parking lot meeting again? :)"

"Be assertive!"

자신의 생각을 당당하게 자유롭게 표현하라는 말이다. 영미권 문화의 대표적이고 대중적인 모토다. 그렇게 배우고 그렇게 자란 그곳의 많은 사람들은 어떤 상황에서도 자신의 생각을 표현하는 데 주저함이 없다. 그리고 참 잘 묻는다. 몰라도 묻고, 놓쳤어도 묻고, 생각이 달라도 묻는다. 그런 문화이기에 그곳에서 더욱더 눈에 띄는 '코리아타운의 문화현상'이 있다.

바로 '주차장 회의Parking lot meeting'. 퍼실리테이팅 용어 가운데 하나인 '주차장 이슈Parking lot issues'에서 따온 이름일까. 회의나 워크숍이 끝난 후 주차장과 같은 비공식적이며 개방된 자리에서 나누는 솔직한 이야기들이라는 점에서 '주차장 회의'와 '주차장 이슈'는 닮았다. 하지만 다른 점이 있다.

'주차장 이슈'가 본회의에 덧붙여지는 삼삼오오 연장전이라고 한다면, 한인들의 '주차장 회의'는 뒤늦게 열리는 그들만의 본회의라고 할 수 있다. 공식석상에서는 묵언수행 모드로 일관하던 그들의 과묵한 입이 그제야 비로소 열리는 이 현상은 교회에서만 볼 수 있는 게 아니다. 미국에서만 볼 수 있는 게 아니다. 영어로 진행되든 우리말로 진행되든 상관없이 공식석상에 임하는 한국인 특유의 자세라고나 할까. 아니, 왜?

나와 우리가 아닌 남들의 눈총, 남들의 평가, 남들의 비난이 자꾸만 마음에 밟히기 때문이다. 남들 앞에서 의견을 내고 질문을 한다는 것이 유독 우리 한국인에게 두려운 일로 다가오는 까닭은 그런 모든 걸 각오해야 하는 걸 의미하기 때문이다.

thank you가 그 뜻이었어?

"Thank you."는 다음 중 어떤 의미일까?

ⓐ 고맙습니다.

ⓑ 더 이상 듣고 싶지 않습니다만…

ⓒ 그럼 수고하세요.

영어권에서 이 말만큼 자주 쓰이는 단어도 드물지 싶다. 특별히 감사하는 마음이 충만해서? 그런 것 같지는 않다. "Thank you."에 담긴 감사의 강도나 의미는 우리가 생각하는 '고마움'과는 좀 다르다. 그들이 언제 어떤 상황에서 이 말을 즐겨 쓰나 주의해서 보면 그 차이가 조금 더 분명해진다. 물론 도움을 받았을 때도 "thank you."라고 한다. 그러나 돈 내고 당연히 받을 서비스에도 "Thank you.", 때로는 반갑지 않은 조언이나 장황한 수다에도 "thank you.".

요약하면 "Thank you."는 고맙다는 뜻만이 아니라는 말씀! 수고하시고 그럼 이만… 이라고 말하는 가벼운 목례 대신이기도 하고 알았다는 대답이기도 하고 더 이상 듣고 싶지 않다는 제지이기도 한 것이 "Thank you."다. 소위 social grace 차원에서 혹은 반어적으로.

그럼 우리는 언제 "고맙다."고 말하나? 그야말로 정말 고마운 마음이 들 때! 그것도 대개는 마음속으로만, 무언의 눈빛으로만 이 말을 건넬 때가 많다. 무정한 듯 다정하다는 우리 한국인들. 마음은 느끼는 것이지 말로 표현하는 것이 아니라고 굳게 믿고 있는 듯하다. "고마워.", "미안해.", "사랑해." 대신 우리가 주로 듣는 말은… "거, 꼭 말로 해야 아나?"

그렇죠. 말로 하지 않아도 느끼는 마음이겠지만 말로 하면 더 잘 알게 될 텐데요. 말하지 않아도 이 마음 다 알아주려니 기대하다가 마음 다치는 분들 주위에서 많이 보시잖아요?

grace 히브리어로 favor를 의미하는 말로, 기독교적 배경에서 유래한 말이다. 때로는 기도를 의미하기도. ex) Who would like to say grace? 식전 기도는 누가 해주시겠습니까?

social grace 사회적 인간관계를 위한 매너 ex) I'm not big on social graces. He has no social graces whatever.

grace time 약속된 시간보다 늦더라도 봐줄 수 있는 유예 시간

grace speed 규정된 속도보다 과속하더라도 봐줄 수 있는 유예속도

침묵으로 대화하는 언어 vs 소리내어 대화하는 언어

음악을 위대하게 만드는 것은 음표와 음표가 아니라 그 사이의 침묵이라 했다. 소리와 소리 사이. 그게 침묵이다. 일본 작가 다니자키 준이치로의 매력적인 산문집《그늘에 대하여》에는 이런 구절이 있다. "말하는 것 또한 우리들은 소리가 작고 말수가 적어, 무엇보다도 '사이'가 중요한 것인데, 기계에 걸면 그 '사이'는 완전히 죽어버린다." 어디 일본뿐이랴! 우리의 대화에서도 마찬가지다. 침묵이 최고의 달변일 때가 있다. 쪽지처럼 말없이 건네는 눈빛. 그럴 때 침묵은 말보다 힘이 세다. 불필요한 오해나 실수를 피하기 위해서도 우리는 침묵을 택한다.

그래서일 것이다. 침묵을 금숲이라 한 것은. 영어속담으로는 Silence is golden. 이 점에선 동서양이 일찌감치 합의를 한 모양… 인가 했는데, 일상의 대화를 들어보면 또 그렇지만도 않다. 침묵을 바라보는 양측의 생각이 달라도 이렇게 다를 수 있을까 싶을 정도. 우선 우리말부터 보자.

"말 많은 놈치고 싱겁지 않은 놈 없다"
"그걸 꼭 말로 해야 아나?"

자주 듣는 이 말 속에는 '말은 덜할수록 좋고 안할수록 더 좋다'라는 생각이 깔려 있다. 그래서일까? 오래된 그 노래 〈편지〉의 가사는 "말없이 건네주고…"로 시작하고, 가히 국민 CM송이 된 광고에서는 "♪말하지 않아도 알아요♬"라고 속삭인다. 교실에서도 회의장에서도 대화의 기본값default을 침묵으로 설정해놓는 경우가 얼마나 많은지! 크게 이견이 있는 경우를 제외하고 다른 생각을 내놓거나 질문을 던지는 목소리를 듣기 힘들다. 우리는 왜 이토록 침묵과 친해진 걸까?

아마도 집단으로 한데 모여 '우리'로 살다 보니. 굳이 말로 하지 않아도 서로를 너무 잘 아는 사이가 되었을 테니까. 그리고 입 달린 자들마다 한 마디씩 말을 보태면 또 얼마나 시끄러우랴. 게다가 위아래를 나누어 층층시하를 이루며 살다 보니 겸손과 순응이 미덕이었을 터. 이래저래 입 다물 일이 오죽 많았을까.

그렇게 말없이 마음으로만 지레짐작하고 기대하는 게 우리의 오랜 습관이 되어버렸다. 조용한 아침의 나라! 하지만 그러다 보니 마음속은 그다지 조용하지만도 않았을 수도…

한편, 영어권에서는? 결론부터 말하자면 대화 중 침묵은 부정적으로 비춰질 때가 많다. 구약성경에 "Even a fool, if he stays a silent, is thought wise."[4] 이라는 구절이 있기는 하다. 가만 있으면 바보도 지혜롭게 보인다는 이 말씀. 하지만 일상 속에서 그곳 사람들의 마음은 그게 아닌 듯싶다.

It is better to keep your mouth closed and let people think you are a fool than to open it and remove all doubt. – Mark Twain

(입을 닫아 사람들이 당신을 바보라고 생각하게 내버려두는 것이 입을 열고 모든 의심을 한방에

날려버리는 것보다 차라리 낫다. - 마크 트웨인)

People who make no noise are dangerous. - Jean de La Fontaine
(너무 조용한 사람은 위험하니 조심하라. - 라퐁텐)

위의 말대로라면 입을 닫은 채 아무 말도 하지 않고 있다가는 바보처럼 보이거나 혹은 위험인물로 낙인찍힐 판이다. 설령 그 정도는 아닐지라도 그들의 대화 속에서 침묵은 대개 부정, 지루함, 무시로 비쳐지곤 한다. 우리에게는 신중, 진지, 경청의 표시로 여겨지는 그 침묵이 말이다. 글로벌 회의에 참석한 우리나라 사업가들이, 혹은 미국으로 공부하러 간 우리의 유학생들이 실력과 상관없이 침묵으로 인해 오해받았다는 경험담을 종종 듣는다.
하긴 오해라는 게 원래 말이 전하는 메시지보다 침묵의 메시지를 잘못 읽어 생기는 경우가 더 많은 법! 《월든》의 저자 헨리 데이비드 소로우Henry David Thoreau는 진즉에 이렇게 갈파했다.

In human intercourse the tragedy begins, not when there is misunderstanding about words, but when silence is not understood.
(사람들 사이의 소통에서 비극이 시작되는 것은 말을 이해하지 못해서가 아니라 침묵을 이해하지 못할 때이다.)

Part 7

여기는 공동소통구역!

주름 하나 없는 대화

a presentation without ums and uhs.

즉 "아…그…저… 음…" 없이 또박또박 매끄럽게 할 말만 하는
프레젠테이션을 한 마디로 말하자면?

(a) perfect　　　(b) unnatural

우리나라 사람들은 "아-", "그-", "저-", "음".

일본 사람들은 "아노-", "에또-".

영미인들은 "umm-", "well-", "I mean-", "you know-".

말 속에 행여 주름이라도 질세라 틈을 메꿔 주는 이런 말들을 언어학에서 는 필러filler words라고 부른다. 우리말로는? 군말, 군소리. 눈치 챘겠지만 그 이름 속에는 쓸데없는 소리라고 낮잡아 보는 시선이 들어있다. 눌변의 상징 이자 준비부족, 역량부족을 드러내는 무능의 소치라는 거다. 하지만 filler가 killer이기만 한 걸까?

미국의 레이건 대통령. 정치력은 몰라도 그의 소통방식만은 역대 대통령 가 운데 최강급에 속한다. 그의 연설은 언제나 "Well…"로 시작한 것으로 유명 하다. 언젠가 다단계 마케팅회사들이 영업사원으로 일부러 눌변인 사람들을 스카웃한다는 말을 들었다. 아니 왜? '다단계 = 사기'라는 인식이 팽배한 마 당에 어떻게든 그 위기를 극복하기 위해 진정성의 아이콘이 필요했던 거다. 기존의 말쑥하고 세련된 말투보다 "아… 저… 그러니까…" 더듬더듬 어눌한 말투가 왠지 더 진정성 있게 느껴져서 마음의 경계와 긴장을 풀어주기 때문 이란다. 듣고 보니 그럴 듯하다! 물론 남용하다가는 '버벅이', '엄Um 박사'라 는 유쾌하지 않은 이름을 얻게 될 수도 있겠지만 말이다.

하지만 적당한 filler는 오히려 대화에서 자연스럽고 인간적인 풍미를 더해주 기도 한다. 이러한 시각에서 한 발 더 나아가 filler는 그 자체로 소통을 위한

다양한 메시지를 전하는 요긴한 도구라고 보는 견해도 있다.[1]

문득 김연아 선수의 프레젠테이션이 생각난다. 평창 동계 올림픽을 유치하기 위해 IOC 총회에서 그녀는 한 마디도 '씹지 않고' 그야말로 완벽하게 해냈다. 마치 빙상 위의 전설이 된 그녀의 연기처럼! 그렇게 되기까지 얼마나 연습에 연습을 더했을까. 덕분에 세간의 평가는 칭찬일색이다. 그런데 이 멋진 프레젠테이션을 두고 너무나 완벽해서 오히려 부자연스럽게 느껴졌다고 아쉬움을 표하는 목소리도 들린다.[2] 결국 프레젠테이션을 어떤 관점에서 보느냐에 따라 평가가 달라지는 듯하다. 능력을 보여주는 발표라고 보는 입장에서는 filler 없이 완벽하게! 마음을 이어주는 소통이라고 보는 입장에서는 적당한 filler로 인간적이고 자연스럽게! 흠… 갑자기 '말을 잘 한다'는 게 뭔지 다시 한 번 생각하게 된다.

자신감 없는 상대는 믿을 수 없다?

광고예산 100억대의 외국 브랜드를 영입하기 위한 치열한 경쟁 프레젠테이션 현장. 우리 팀 마케팅팀의 발표가 끝나자마자 고개를 끄덕이며 듣고 있던 외국인 사장이 질문을 던졌다. 예상치 않았던 내용이었다. 발표만 담당하기로 한 유학파 이 차장의 얼굴에 순간 당혹감이 스친다. 잠시 침묵 속에 긴장감이 감돌기 시작한 그때. 뒷자리에 앉아있던 마케팅 팀장인 김 국장이 일어섰다. "지금부터 내가 하는 말, 통역해."

이 차장에게 지시한 후 광고주를 향해 답변하기 시작했다. 물론 한국말로! "그 점과 관련해서 이미 소비자 조사를 마친 상태입니다 그 결과는…" 발표 내용을 진두지휘했던 김 국장은 영어로 발표할 자신은 없었지만 누구보다 그 제안에는 확신이 있었다. 확신과 열정에 가득 찬 김 국장의 대답이 끝나자, 질문했던 그 외국인 사장 통역을 하기도 전에 박수를 치며 말했다.

"I don't think I need translation. I've just heard the most beautiful words in Korean." (통역할 필요 없습니다. 물론 전 한국말을 모르지만 방금 가장 아름다운 한국말을 들었습니다.)

영어만 했다 하면 갑자기 과묵해지거나quite talker 목소리가 모기만 해지는 이low talker들이 유난히 많다. 실수할까 두렵고 유창하지 않아 부끄러워서다. 그도 그럴 것이 우리에게 영어란 무엇인가. 소통의 도구가 아니라 능력의 잣대다. Fluency than proficiency. 유능한 영어보다 유창한 영어가 더 끗발이 세다. 그러다 보니 원어민 같은 발음에 엄청나게 빠른 속도로 말하는 한국인이 한 명이라도 옆에 있으면 과묵해지거나 목소리가 발뒤꿈치까지 기어들어 갈 판이다.

'어차피 남의 나라 말인데 실수하는 게 당연하지. 아무렴!'

아무리 되뇌어도 소용없다. 소위 '영어울렁증'이다. 단순히 실력 때문에 생기는 증상 같지는 않다. 각자 개인적인 이유들이 있을 수 있다. 그런데 이토록 많은 이들이 함께 경험하는 거라면 뭔가 공통의 문화적인 이유가 있는 것은 아닐까? 가령 무자비한 경쟁의 패러다임이 가르쳐주고 길러준 '실수'와 '실패'에 대한 공포라든가. 암튼 그 근본적인 원인이 무엇이든 분명한 사실이 있다. '잘해야 한다', '실수하면 안 된다'는 우리 안의 슈디즘shouldism이 고개를 들수록 자신감은 곤두박질치기 마련이라는 점!

모자라는 능력은 자신감으로 채우라는 조언, 혹은 풍부하고 깊이 있는 콘텐츠를 갖추면 자신감은 저절로 생기기 마련이라는 조언도 이런 상황에선 먹히지 않는다.

그런데, 김 국장은 해냈다! 그것도 평소 내성적인 모습으로 목소리 한 번 크게 내지 않았던 사람이! 아니 어떻게? 아마도 그 순간만큼은 내성적인 사람 김 아무개가 아니라, 어떻게 해야 경쟁에서 이길 수 있을까만을 생각하는 마케팅 김 국장으로 그 자리에 있었기 때문이 아닐까.

E - SPOT

self-esteem 자존감(타인의 평가와 상관없이 자신을 존중하는 마음)

pride 자존심(타인이 나를 존중하고 받들어주길 바라는 마음)

self-consciousness 자의식(자신이라고 여기는 것, 대개는 타인과의 관계에서 만들어진 ego)

self-efficacy 자기 효능감(어떤 상황에서 적절한 행동을 할 수 있다는 자신에 대한 기대와 신념)

shouldism "반드시 … 해야 한다.", "절대로 … 해서는 안 된다."고 믿는 사고방식. 있는 그대로의 현실을 부정하고 이상적으로 여기는 환상세계로 도피하려는 사람들의 태도를 가리키기도 한다. 독일의 게슈탈트 심리학자 프리드리히 펄스가 만들어낸 말이다.

"제가 방금 루돌프를...ㅠㅠ"

What happended?
~~~~~~~~~~~~~~~~~~~~~~~~~~~

미국 사는, 하지만 영어 서툰 한국 아저씨가 운전 중 사고를 냈다.

갑자기 뛰어든 사슴을 피하지 못하고 치고 만 것.

이런 경우 무조건 경찰에 신고를 해야 한다고 들었던 터라 119를 눌렀다.

하지만 막상 수화기 너머에서 무슨 일이냐고 묻는 소리에 머릿속이 하얘진
아저씨.

"I, I… hit…"

갑자기 사슴을 뜻하는 그 단어 deer가 생각나질 않는 것이다. 결국 그 아저
씨가 한 말은, "I, I… hit… hit… a Rudolf!"

한동안 수화기 너머에선 숨넘어가는 소리가 들리고, 한참 후에야 애써 웃음
을 참으며 그 상담원이 묻더란다.

"Are you OK, Santa?"

여기는 공동소통구역! / 275

원활한 소통을 위해 갖춰야 할 것은 실력에 앞서 태도! 영어도 마찬가지다. 말할 때 적당한 단어를 모르거나 생각이 나지 않는다면 아는 단어로 풀어서 말하면 된다. 천천히 말하는 것도 한 가지 방법. 그리고 상대방의 말 중에 못 알아듣는 부분이 나오면? 물어보면 된다. "sorry?" 혹은 "pardon?"

몇 번이고 묻는 것이 알아들은 척 넘어가는 것보다 낫다. 그것이 상대의 말을 존중하는 것일 테니까.

하지만 소통이 아니라 실력에 마음이 몰려 있으면, 내 앞의 상대가 보이지 않을 때가 있다. 당황하다 보니 천천히 돌려 말할 여유도 없다. 상대를 불편하게 할까 봐 부족한 실력이 드러날까 봐 놓친 부분을 되물어볼 용기도 없다. 무척 당황했을 앞의 아저씨가 그 와중에 루돌프라고 말한 것은 어떻게든 상대에게 상황을 알려야 했기 때문이다. 그 순간만큼은 소통하고자 하는 마음이 절실했기 때문이다.

만일 평소처럼 '나의 실수를 적에게 알리지 마라!'는 신념대로 정답이 생각날 때까지 '입 꾸욱' 했다가는? 전화를 받은 119 상담원도 전화를 건 아저씨도 답답해 돌아가셨을지도 모를 일이다.

'아' 다르고 '어' 다르다

모르는 외국인 손님이 찾아왔다. "누구세요?···"를 영어로 하려면?

(a) Who are you?　　(b) Can I help you?

사전이 가르쳐주는 대로 했는데, 예상치 못한 반응과 맞닥뜨릴 때가 있다.

"Who are you?"가 전하는 뉘앙스는 문맥에 따라 조금은 달라지겠지만 "당신, 누구요?"에 가깝다. 틀린 말은 아니지만 이 말을 모국어로 듣는 이에겐 낯선 경계심과 묘한 압박감이 전해지기 마련이다.

이름을 물을 때도 마찬가지. "What's your name?"이라고 단도短刀를 직입直入해서 물을 수도 있지만 그들은 대개 "May I have your name?"라고 묻는다. 이유가 뭘까?

소통에 좀 더 효율적인 표현이기 때문이다. 상대방의 마음을 무장해제시키는 표현과 경계심을 강화시키는 표현. 특히 모국어가 영어인 상대와 대화를 할 때는 따져봐야 할 대목이다. 모국어란 이런 저런 상황을 머리로 판단하기 전에 자동적으로 반사적으로 가슴으로 먼저 듣게 되는 언어이기 때문이다. '아' 다르고 '어' 다른 것까지 영어로 챙긴다는 게 쉽진 않겠지만, 영어를 모국어로 하는 상대라면 듣고 느끼는 사정이 그렇다는 말이다.

Mind your P's and Q's!
'아' 다르고 '어' 다르니 말을 가려 하되, Please를 붙여야 할 때, Thank you라고 말해야 할 때를 알라는 말이다.

부드러운 약속, 부드러운 시간

soft promise라는 용어에는 다음 중 어떤 뉘앙스가 담겨 있을까?

(a) flexible 융통성 있는   (b) changeable 고무줄 같은

soft promise라는 이 표현, 수시로 임의로 바꾸는 약속을 뜻한다. 그러한 행동 저 밑바닥에는 달라진 시간 개념이 자리하고 있다. 이름하여 soft time! 러트거스 대학교Rutgers University에서 커뮤니케이션을 가르치는 제임스 캐츠 James Katz 교수가 만들어낸 신조어다. 미국 내 휴대폰 사용자 수천 명의 행동을 관찰한 결과, 대다수의 사람들이 상황에 따라 휴대폰을 통해 원래 정해진 약속시간을 쉽게 바꾼다는 것을 발견한 것이다.

예를 들면 원래 약속시간은 8시 반. 아무래도 늦을 것 같은 8시 10분쯤 A가 휴대폰으로 만나기로 한 상대 B에게 전화를 한다.

"8시 45분쯤 도착할 것 같은데, 그 시간에 보는 걸로 하자!"

"그래 알았어."

그리고는 8시 45분 안에 도착. 약속을 깨는 것은 신뢰를 저버리는 것인데 다행히도 조정한 약속시간 덕분에 늦지 않았다…고 A는 생각한다. 위생관념만큼이나 시간관념 철저하기로 소문난 미국에서? 그렇단다.

그런데 이 풍경, 우리에게도 낯설지 않다. 이곳 역시 상황은 마찬가지여서 손 안에 쥐고 사는 휴대폰 덕분에 마음엔 고무줄 시계 찬 사람들이 점점 늘어나고 있다. 이걸 디지털 문명 덕분이라고 해야 할까. 암튼 세상은 서로 그렇게 닮아가고 있다. 삶의 모습도 생각도. 그나저나 약속시간에 맞춰 이미 출발했는데 상대로부터 약속을 늦추자는 전화를 받는다면, 어떤 기분이 들까?

P.S.

한국에서 일하는 한 외국인의 말, "휴대폰 이전부터 한국의 직장인들은 soft promise를 할 수밖에 없는 것 같아요." 갑자기 생기는 일정이 너무 많다는 것이다. 상사가 갑자기… 광고주가 갑자기… 그만둘 각오가 아니면 도저히 내 선에서 해결할 수 없는 그런 번개 스케줄이 많다 보니 어쩔 수 없이 사적인 약속들을 'soft하게' 조정하게 되는 것 같다고.

E - SPOT

adjust promise time. 약속시간을 조정하다.

delay appointed time. 약속시간을 늦추다.

"How about 7-ish?" 7시쯤 어때? 7-ish는 around 7로도 표현할 수 있다.

soft capital 신뢰와 같은 사회적 자본

soft skill 변화무쌍하고 협력공존의 시대를 살아가는 삶의 지혜.

★ hard skill이 직접적인 지식이나 능력이라면, soft skill은 상상력(imagination) 창의적 문제해결(creative problem solving) 회복력(resilience)과 같은 태도와 자세를 의미한다.

사라진 맞장구

저스틴은 아카데미 수상자 명단에도 이름을 올렸던 잘나가는 감독이다. 그와의 작업은 언제나 과정도 좋았고 결과도 만족스럽다는 평이다.

그가 처음 한국에 와서 광고주 중역들에게 프레젠테이션을 했을 때였다. 듣기 좋은 중저음으로 차분히 그러나 열정적으로 자신의 아이디어들을 발표하는데 점점 그의 표정이 곤혹스러워진다. 모두가 아주 심각한 표정으로 아무 반응 없이 듣고 있었기 때문이다. 그 가운데 몇 분은 팔짱을 낀 채 아예 두 눈을 질끈 감고 있다. 웬만해선 흔들리지 않는 저스틴의 얼굴에 당황한 표정이 역력했다. 어찌어찌 준비한 내용을 다 끝내긴 했는데… 그런데 이런 반전이!

막상 프레젠테이션이 끝나자, 광고주들은 감독의 예상과는 달리 아주 만족스러운 미소와 함께 엄지를 치켜세우는 게 아닌가! '어라, 이건 뭐지? 아까 반응으로 봐선 내 아이디어가 맘에 안 들었던 것 같았는데…'

저스틴은 몰랐던 거다. 아주 심각하게 양미간을 모으고 듣는 것이 그분들로선 최고의 경청 자세였다는 것을. 그야말로 온몸이 귀가 되어 듣고 있었던 것이다. 다만 저스틴 감독이 기대하고 있던 관심어린 눈 맞춤과 열띤 맞장구가 없었을 뿐이다.

맞장구 역시 문화마다 10인10색 차이가 있다. 개인적인 경험으로 보자면 대체적으로 일본과 프랑스인들의 맞장구는 좀 과하다 싶고, 영미권은 대화 상대와 댄스 스텝을 밟듯 유연하되 성실한 맞장구이고, 과묵한 북유럽 사람들은 맞장구도 입이 아닌 눈으로 치는구나 싶었다. 그렇다면 우리는?
음… 사석과 공석이 좀 다르지 싶다. 사석이라면 흥이 많고 신에 겨운 민족답게 맞장구에 춤이라도 출 판. 하지만 멍석 깔고 방석 깔린 공식석상에서는 대개 지나친 엄숙주의가 강림하신다. 또 하나. 영어석상(?)에서도 비슷한 현상이 재현되곤 한다. 따로 구구절절 설명하지 않아도 알 것이다. 그러니 앞서와 같이 공식적인 회의석상에 영어가 함께 하는 자리라면 말 다했다. 여자들이 싫어하는 이야기가 군대 이야기와 축구 이야기라는데, 이건 마치 맞장구를 기대하는 상대에게 군대에서 축구한 이야기와도 같다.

소통으로 이어지는 대화에는 3 : 2 : 1 법칙이라는 황금률이 있다. 3만큼 듣고, 2만큼 맞장구치고 1만큼 말하라는 것. 앞서의 회의석상에서는 그 가운데 2만큼의 맞장구가 사라진 것이다. 비유하자면 담배 피우는 데 연기가 사라진 것 같다고나 할까. 문화심리학자이자 베스트셀러 저자이기도 한 김정운 교수가 TV에 나와 이런 말을 한 적이 있다.

"과묵한 것은 미덕이 아니라 관계에서 나눠야 할 50퍼센트의 책임을 회피한 것이다."

그 말을 흉내 내어 말하자면, 인색한 맞장구는 곧 소통에서 33퍼센트의 책임을 회피하는 것이나 다름없다. 하고 싶은 말도 어찌어찌 겨우 전하는 실력인데 맞장구를 칠 여유가 어디 있느냐고? 외국어는 실력이지만 소통은 태도이다. 마음의 메시지를 그대로 전하는 태도! '알리고 싶다'는 마음만 가득하면 대화 중 50퍼센트 경청의 책임과 33퍼센트 맞장구의 배려는 무겁고 버겁기만 한 과제다. 하지만 '알고 싶다'는 마음으로 오롯이 임한다면 어느새 3 : 2 : 1의 황금률로 대화하는 자신을 발견하게 될 것이다.

E - SPOT
동의를 표하는 표현들
Absolutely! 그럼 그렇고말고!
Definitely! 물론이지!
I agree with you. 동감이야
You can say that again. 맞아 맞아.
You're telling me. 내 말이!
I'm telling you. 나도 할 말이 있다고!
Right on. 옳소!
There you go. 그렇지! 잘한다!
There you go again. (부정적) 으이그, 또 시작이네.

한국에서 온 '레알 스파이스 걸'

영국에 spice girl이 있다면, 우리에겐 spicy food가 있다. 후배 미영은 요리를 잘한다. 그 중에서도 매운 요리엔 명함 좀 내미는 실력파다. 음식에 대한 깊고 풍부한 지식도 가히 갑이다. 생 기초 수준의 영어만 챙겨서 떠난 영국 유학 시절에도 생각지도 않게 그 덕을 톡톡히 보았다. 특히 유학 초기에 묵었던 하숙집에서! 한 성격 하시던 그 하숙집 안주인 때문에 다들 맘고생 몸고생이 심할 때 미영은 요리가 맺어준 안주인과의 인연으로 여러모로 특별 배려대상이 되었던 거다. 입주기념으로 직접 만들어 대접한 매콤한 비빔국수와 시원한 장국이 요리에 관심 많은 하숙집 안주인의 호기심을 불러일으킨 것!

"오, 이 감칠맛 나는 매운 맛은 어떻게 낸 거야?"

그러다 장국 사발을 들고 마시는 후배의 모습에

"꺄악~ 그릇을 들고 마시다니! 너무너무 재밌어!"

그 후로도 틈만 나면, 하숙집 안주인은 미영과 요리와 음식에 대한 수다를 떨고 싶어 했다. 영어 잘하는 다른 한국 유학생도 많았는데….

지식, 경험, 아이디어, 특기… 등 콘텐츠가 풍부한 사람과 함께 하는 시간은 언제나 흥미진진하다. 영어로 contents는 '속에 든 것'이란 뜻. 콘텐츠가 풍부하다는 것은 속이 알찬 사람이다. 그리고 그 콘텐츠가 나와는 다른 것일 때, 끌린다. 특히 내가 관심 있는 주제들에 대해 전혀 새로운 생각, 새로운 경험을 지닌 상대를 만난다는 것은 상상만 해도 즐겁고 설렌다.

영어로 하는 대화라고 예외일까. 예를 들어 일상에서 친구로, 혹은 일터에서 비즈니스 파트너로 한국인과 미국인이 만나는 자리. 과연 그 미국인이 우리말을 한국인처럼 잘만 하면 끝? 혹은 우리가 영어를 원어민처럼 잘만 하면 끝? 그럴 리가! 그 미국인의 입장이라면 그의 고향에 '천지 삐까리로 널린 게' 영어를 원어민처럼 하는 사람들 아니겠나.

남다른 정체성identity은 오랫동안 소통의 장애물로 여겨져 왔다. 차이가 만드는 불편함 혹은 갈등 때문이다. 그러나… 그렇게 볼 수도 있지만 다른 관점에서 보면 남다른 정체성이야말로 소통의 필수조건일지도 모른다. 생각해보라. 나와 똑같은 사람을 만난다는 것, 내가 아는 걸 똑같이 알고 있는 사람을 만난다는 것은 편하지만 한편으론 재미없는 일이기도 하다.

반면에 남다른 정체성, 남다른 콘텐츠를 갖춘 상대는 낯설지만 설레고 흥미진진한 구석이 있다. 글로벌 시대. 정보의 세계화를 위해서는 개방성이 중요하지만 진정한 소통의 세계화를 위해서는 정체성이 중요하다. 이는 '소통학' 창시자인 '불통' 박사가 《또 다른 세계화L'Autre Mondialisation》에서 한 말이기

도 하다. (도미니크 불통Dominique Wolton은 프랑스 국립 과학연구센터(CNRS) 리서치 디렉터
이자, CNRS 산하 소통과학연구소Institute of Communication Science 소장이다.) 개인마다 사
회마다 지닌 고유한 정체성. 거기에 남다른 콘텐츠가 더해질 때 우리는 기꺼
이 차이의 불편함을 넘어 소통의 즐거움을 꿈꾸게 된다.

마음을 무장해제시키는 비밀병기

"I like this 7 words man, ha ha ha."

말수 적은 영국신사 데이비드가 그 큰 덩치를 흔들며 온몸으로 웃더니 7-word man을 향해 엄지손을 치켜세운다. 7-word man은 그가 일하는 한국 지사 국내 제작팀 직원이다. 일곱 개 영어 단어로 모든 대화가 가능하다며 본인 스스로 지은 별명이다. 민족주의자라 영어를 일부러 배우지 않았다고 너스레를 떠는 이 남자. 상대의 반응이 흡족했는지 내친 김에 특유의 유머신공을 펼친다. 족히 50인치는 넘을 그 허리 어디쯤에 벨트를 걸친 데이비드를 보고 영감을 받은 모양이다. 유창한 한국말로 했다면, "어이 덩치 엄청 큰 양반! 퀴즈 하나 낼 테니 맞춰 보슈. 숫자 0이 8을 만났네. 0이 8에게 뭐라고 했을까~~~~요?"이다.

이 긴 내용을 이렇게 줄여 말한다.

"Hey, Bi~~~~~g man! Quiz! 0 meet 8. What 0 say?" 본의 아니게 거물급 인물big man이라는 중의적 뉘앙스까지 풍기면서! 어순도 문법도 어설픈 7-word man의 영어에 데이비드 이 양반, 답도 듣기 전에 이미 또 숨이 넘어가고 있다.

우리말로 잘 웃기는 사람들은 실력과 상관없이 세상 누굴 만나든 잘 웃긴다는 말, 이 7-word man을 보면 맞는 말씀이지 싶다. 그를 보면 '웃기고 싶다' 혹은 '친하고 싶다'는 욕망이 '실수하면 어쩌지?' 하는 두려움보다 더 큰 것 같다. 드문 경우다.

제법 많은 이들이 영어 앞에만 서면 쫀다. 혹은 갑자기 과묵해지거나 진지해지거나. 괜히 입 잘못 열었다가 밑천 드러날까 싶어 '가만히 있다가 중간이나 가자' 전략을 취하는 것인 듯싶다. 심리학에서 말하는 두 가지 동기motivation 가운데 '회피하기 위해서to avoid'쪽! 그런데 7-word man은 좀 다르다. 다른 동기인 '성취하기 위해서to achieve' 기꺼이 '들통'에 대한 두려움을 감수하는 쪽을 선택한 게 아닐까 싶다.

외국어로 웃기기, 외국어를 듣고 웃기… 과연 어느 쪽이 더 쉬울까? 어느 쪽도 결코 쉬워 보이지 않는다. 외국어로 남을 웃게 만드는 게 얼마나 어려운 일인지 영국 작가 버지니아 울프Virginia Woolf의 말에 절로 고개가 끄덕여질 정도다.

Humour is the first of the gifts to perish in a foreign tongue.

(인간이 지닌 재능 가운데 외국어로 옮기다 보면 가장 먼저 사라지는 것이 유머다.)

그런가 하면 외국어로 된 유머를 이해하는 것도 만만치 않다. 오죽하면 영어에서 가장 웃기지 않은 게 유머라는 말이 있겠는가. 언어도 언어지만 그 문화적 배경이나 정서가 다르다 보니 아무리 귀기울여 들어도… 공감은커녕 이해도 안 되는 탓이다. 설상가상 그 동네 사람들, 공식·비공식 자리를 막론하고 툭 하면 유머에 비벼서 말을 내온다. 정계나 연예계는 물론 일상 속에서도 뛰어난 유머감각을 지닌 이들이 각광을 받는다. 레이건 대통령이 미국 역대 대통령 가운데 가장 사랑받은 대통령이면서 가장 미국적인 대통령으로 꼽히는 이유다. 이렇게까지 유머를 밝히고 살뜰히 챙기게 된 데에는 어쩌면 그곳의 '합리적'인 문화도 한몫했겠다 싶다. 강력하게 주장하고 일일이 따져야 하는 빡빡한 관계에서 유머야말로 해독제 혹은 윤활유 역할을 톡톡히 해주니까. 그리하여 마침내 Live, Love, and Laugh!

P.S.
7-word man이 낸 퀴즈, 숫자 0이 8에게 한 말은?…
"Oh, nice belt!"란다. :)

외계인에게 묻고 싶은 질문

우리는 평소 어떤 질문을 하며 살아가는가?
언젠가 TV에서 들은 유머가 범상치 않다.

한국인 일본인 프랑스인 셋이서 오지탐험에서 외계인을 만났다.
요리에 관심 많은 프랑스인이 물었다.
"거기 사람들은 주로 뭐 먹고 삽니까?"
경제에 관심 많은 일본인이 물었다.
"거기 경제는 요즘 어떻습니까?"
머뭇거리고만 있던 한국인이 물었다.
"…저, 거기 사람들은 한국에 대해 어떻게 생각합니까?"

유명 외국인이 처음 한국을 방문할 때, 인천공항에 방금 도착한 그들에게 우리 기자들의 단골 질문이 있다. "What do you think about Korea?" 아니면 "What's your first impression of Korea?"

아니, 이제 막 비행기 트랩을 내려온 사람에게 한국의 첫인상이 어떠냐고 물으면 도대체 뭐라고 말해야 할까? 게다가 그가 유명한 이유가 따로 있을 텐데, 음악가든 영화배우든 기술자든 정치가든 한국과 한국 사람에 대한 첫인상이 왜 그렇게 묻고 싶은 걸까?

짐작 가는 바가 있다. 우리가 자주 하는 말 속에 들어있는 타인의 시선. "남이 보면 어쩌려고?", "남이 보면 어떻게 생각하겠니?" 그것은 한 마디로 남들이 나를 어떻게 평가하고 있는지 알려주는 '실시간 관계 성적표'이다. 그러니 기다릴 수 없을 만큼 궁금할 밖에.

"나는 어떤 존재인가?" 이 질문의 대답에 영향을 미치는 세 가지 시선이 있다.

내가 나를 바라보는 시선
남이 나를 바라보는 시선
그리고 두 시선을 객관적으로 바라보는 성숙한 나의 시선.

자존감이니 자존심이니 혹은 자의식이니 하는 용어들은 이러한 시선과 깊은 연관이 있다. 그런데 유독 남이 나를 바라보는 시선에 집착한다면? 자기에 대한 생각, 혹은 믿음이 타인의 감정과 생각에 따라 심하게 흔들린다는 증거일 수 있다. 자존감에 빨간불이 켜졌다는 의미일 수도 있다.

외계인에게 던진 질문. 웃자고 던진 유머일 텐데 이거 너무 죽자고 덤벼들고 있는 걸까.

여기는 소통의 베이스캠프!
어떤 언어든 어떤 상태든, 출발은 이곳에서 부터-

"언어가 본질적으로 달라지는 것은, 전달할 수 있는 부분이 아니라 전달해야만 하는 부분이 다르기 때문이다."

로만 야콥슨의 말이다.[3]

그렇다면 영어와 우리말에서 '전달해야만 하는 부분'은 어떻게 다르고 왜 다른 걸까? 그 질문을 중심으로 지금까지 이쪽저쪽 기웃거리고 요모조모 뜯어보았지만 그 모든 차이에도 불구하고 '아, 이래서 사람과 사람 사이는 다 같은 거구나!' 무릎을 치게 되는 지점들이 있다. 글로벌 공동소통구역Global Joint Communication Area! 비록 다른 언어를 쓰고 다른 관점을 지니고 있지만, 이 지점에서만큼은 같은 마음인 곳이다. 예를 들면 진정성 있는 태도라든가 존중하고 배려하는 자세는 소통의 만국 공용어 아니겠는가. 어디 글로벌 관계에서만? 같은 공간에서 같은 언어를 사용하는 일상의 관계에서도 마찬가지다. 어떤 언어든, 어떤 상대든 소통하려면 챙겨야 할 필수 장비들을 챙겨보자.

진정성authenticity

지금 세상엔 '진정성'이 넘친다. 정확히 표현하자면 넘치는 것은 '진정성'이란 '말'이다. '계산된' 진정성이 덩달아 넘친다. 그러나 어디 한 군데 숨을 곳이 없을 만큼 촘촘히 연결되고 낱낱이 까발려지는 게 요즘 디지털 세상 아닌가. 계산된 혹은 거짓된 진정성들이 과연 얼마나 먹히고, 먹힌다 한들 얼마나 오래갈까? 게다가 진정성이라는 건 귀가 아닌 마음으로 듣고 온몸으로 느끼는 것이다. 그러니 요즘 정치인이나 연예인들처럼 스스로 "I'm really really authentic indeed!"(진짜로 참말로 레알 진심이라니까요!)라고 힘주어 주장할 일이 아니다. 있으면 있는 그대로, 없으면 없는 그대로! 그것이 진정성이다. 하지만 그게 어디 쉽나? 남이 알까 두렵고 남이 알게 되면 시쳇말로 '쪽팔릴' 자기 안의 오지 혹은 구멍 앞에서 우리는 종종 진정성을 포기하게 된다. 그래서 진정성은 자신을 용기 있게 드러내는 마음이고, 타인을 너그럽게 바라보는 마음이기도 하다. 어찌 하면 그런 마음을 낼 수 있을까? 먼저 깨달은 많은 분들이 공통적으로 전하는 팁이 있다. 나도 남도 인간은 누구나 구멍 숭숭 뚫린 구석이 있다는 걸 자각하는 순간, 그런 나를 그런 남을 있으면 있는 그대로, 없으면 없는 그대로 드러내고 받아들일 수 있다는 거다. 어디 한번!

존중respect과 적극적 경청active listening

소통은 '나와 다른' 상대에 대한 관심에서 출발한다. 그리고 이를 있는 그대로 인정하는 태도에서 비로소 소통은 이루어지기 시작한다. 그의 생각, 그의 감정까지 있는 그대로 존중하기! 그런데 이 과정에서 자주 발생하는 착각과 오해가 있다. 이미 내가 알고 있다는 착각. 분명히 이러저러하리라 마음속에서 진행되는 오해. 특히 '나와 같은 우리', '남 같지 않은 우리'를 신앙처럼 믿고 사는 문화일수록 이러한 착각과 오래는 차고 넘치기 마련이다. '억측은 소통을 갉아먹는 살인적인 흰개미Assumption is the termite of communication.'라고 했던가. 상대에게 직접 묻는 것만큼 '있는 그대로의 상대'를 아는데 효과적인 태도는 없다. 내가 모르겠으니 알려달라고 요청하고 질문하자. 네 생각은 무엇이고 네 기분은 어떠냐고. 하지만 오랜 세월 침묵을 미덕으로 알고 질문을 악행으로 아는 집단에서 '묻는다'는 것은 또 얼마나 낯설고 두려운지! 넘어야 할 고개는 거기서 끝나는 게 아니다. 물었으니 들어야 하는데 그게 또 만만치 않은 도전이다. 부지런히 자기 안에서 들려오는 시비와 평가를 내려놓으며 순간순간 마음을 챙겨야 하기 때문이다. 무엇보다 '알리고 싶다'는 마음을 내려놓고 오롯이 '알고 싶다'는 마음으로 듣는 것. 그것이 바로 '적극적 경청'이다. 상대를 존중한다는 것은 이렇게 그를 듣는 것이다. 그를 향해 마음을 기울이는 일이다.

유연한 관점flexible perspective

잠깐 눈을 감고 상상해보자! 지금 내 앞에 도끼, 망치, 나무 톱이 놓여 있다. 이 네 가지 중에서 하나를 빼야 한다면 무엇을 뺄 것인가? 도끼? 망치? 나무? 아니면 톱? 아마도 당신이 누군지에 따라 대답이 달라질 것이다. 만일 철학자처럼 주로 머리로 사는 사람이라면, 십중팔구 나무를 뺄 확률이 높다. 다른 것들은 다 도구인데 나무만 예외이기 때문이다. 그런데 시베리아 벌목공이라면 어떨까? 그의 일터에서 망치는 '쓰잘데기' 없는 물건취급을 면치 못할 터. 이번엔 목수의 관점으로 옮겨보자. 그에게는 도끼가 무용지물이지 않을까. 방금 함께 한 질문놀이는 러시아의 심리학자 알렉산더 루리아Alexander Luria의 유명한 실험 가운데 하나. 입장이 다르면 세상을 보는 관점도 다를 수밖에 없다는 자명한 진리를 짧은 순간 성찰하게 해준다. 사자성어로 하자면 역지사지易地思之고 영어로 하자면 perspective-taking(관점전환). Me-to-We 시대용 생존의 지혜 가운데 어쩌면 맨 앞을 차지해야 하는 덕목일지 모른다. 나와 다른 사람들이 우리가 되어야 상황에서 그 '다름'은 과연 위험요인인가, 아니면 기회요인인가? 어떤 관점을 취하느냐에 따라 원하는 결과로 이어질 확률은 크게 달라질 것이다. 무엇보다 시각이 열려 있으면 관점이 유연하면 누리는 혜택이 있다. 바로 마음의 평안이다!

자신감self-confidence

인간을 가장 빛나게 하는 의상은 '자신감'이라고 했다. 자신감이 없는 사람은 신뢰하기 어렵다. 자기 스스로도 자신을 믿지 못하는데 남이야 오죽하겠는가. 신뢰하지 않는 상대와 소통? 의지도 안 생기고 가능성도 낮다. 특히 영어권에서는 그 문화의 특성상 더욱 그렇다. 글로벌 기업의 면접에서 아시아 출신의 지원자들이 고배를 마시는 이유 가운데 하나로 자신감 없는 태도, 혹은 작은 목소리가 지적되곤 한다. 겸손하게 보인다는 게 그렇게 보였을 수도 있다. 아니면 영어 울렁증? 아무리 마음속에서 "자신감 넘치는 태도로! 목소리는 크게!"를 외쳐도 증세는 가라앉을 기미가 없다. 영어 울렁증을 앓고 있는 이들에게 '영어'와 '자신감'은 '둥근 네모'처럼 비현실적인 조합으로 들릴 지경이다. 이를 어쩐다? 소통의 필요충분조건들이 대개 그렇듯이 배운다고 될 일도 아니고 특정 동작을 흉내 낸다고 통할 리도 없는데…. 불안해서 생기는 게 울렁증이고 그 불안은 불신에서 온다. 좋게 보이고 싶은데, 혹은 나쁘게 보이고 싶지 않은데 아무래도 자신이 잘해낼 것 같지 않아서 못미더워서 울렁울렁한 거다. 그렇다면 결국 자존심을 살리고 죽이는 게 '좋게' 혹은 '나쁘게'라는 평가에 달려 있다는 건데, 도대체 그 기준이 뭔데? 자신이 '기준'으로 선택한 것에 물음표를 달고 들여다보는 것이 어쩌면 자신감을 되찾기 위해 맨 먼저 해야 할 일이 아닐까. 지금 있는 그대로의 나를 믿지 못하게 하는 건, 바로 그 기준일지도 모르니까!

콘텐츠own contents

매력적인 콘텐츠로 속이 꽉 찬 사람과의 대화는 흥미진진한 책을 읽는 것과 같다. 실제로 '사람책'을 빌려주는 〈Living Library〉라는 도서관이 있다. 말 그대로 사람이 책이다. 그 안에는 지금까지 살아오면서 겪었던 이야기. 그 속에서 얻은 지혜와 지식, 생각, 느낌, 비전 등 다양한 내용들이 들어있다. 궁금하다. 과연 어떤 책이 어떤 사람들에게 가장 인기 있을지. 생각해보면 우리 모두는 각자 한 권의 책이다. 그 안의 콘텐츠가 얼마나 깊은지, 얼마나 독특한지, 그리고 얼마나 풍부한지에 따라 독자와의 관계가 달라질 것이다. 그 수가 많을 수도 있고 적을 수도 있다. 그 관계가 오래 지속될 수도 있고 짧게 끝날 수도 있다. 그 언어가 영어로 바뀐다고 해서 달라지겠는가. 죽어라 영어 공부에 매달린 덕에 토플, 토익은 만점을 받았다 치자. 하지만 그 외에는 달리 경험해본 것도 없고 딱히 자기만의 생각이랄 것도 없다면? 글을 쓸 재주는 익혔는데, 쓸 내용이 없는 작가와 무엇이 다를까. 콘텐츠라는 것, 단어 외우고 문법 익힌다고 저절로 쌓일 리 만무다. 아시다시피, 그건 별도 구매다.

유머 감각sense of humor

"재미없는 상품은 팔리지 않는다. 재미없는 인간은 더욱 팔리지 않는다." 일본 마케팅 컨설턴트 다니구치 마사카즈谷口正和의 말이다. 끄덕끄덕. 생존과 경쟁이 삶의 목표가 되면 경계심은 기본사양default이 된다. 우리의 삶이 오랫동안 그래왔던 것처럼. 그런데 그러한 경계심과 긴장감이 한순간에 무너질 때가 있다. 바로 유머가 끼어드는 순간! 유머는 마음을 무장해제시키는 고성능 비밀병기다. 졸린 눈꺼풀만큼 무거운 입 꼬리도 단번에 들어 올리는 초강력 울트라 파워 건전지가 그 안에 들어있다. 만일 우리의 삶에서 혹은 관계 속에서 유머가 없다면? Oh, No~~~~~. 뵙기엔 '진지맨'일 듯한 마하트마 간디조차 말씀하시길 "내게 유머감각이 없었다면, 나도 진즉에 자살했을지도 모릅니다(If I had no sense of humor, I would long ago have committed suicide)."라고 했다. 유머는 경쟁력이고 생존도구다. 이 지점에서 답답해하는 목소리가 들리는 듯하다. "어느 정도 영어 실력이 갖춰져야 그럴 여유도 생기는 거지!" 정말 그런 걸까? 어쩌면 태도로 소통하기보다 실력으로 경쟁해온 우리의 저 깊은 무의식이 그런 여유를 앗아간 것은 아닐는지. 사람과 사람 사이는 다른 듯 참 닮은 구석이 많다. 그 중의 하나, 유창한 대화보다 유쾌한 대화를 선호한다는 사실이다!

Bonus.
두런두런 영어 뒷담화

큰 볼일은 no.1? no.2?

화장실이 급하다고 다리를 꼬는 어린 아들에게 엄마가 말한다.
"No.1? No.2?" '큰 거'냐 '작은 거'냐 묻는 건데, 어느 것이 '큰 거'일까?

(a) No.1   (b) No.2

답은 ⓐ No.2.

어쩌다가 '큰 볼 일'이 No.2가 되고 '작은 볼 일'이 No.1이 된 걸까? 아마도 우리라면 반대로 부르지 않았을까 싶은데… 그 동네 셈은 달라도 너무 다르다. 이런 표현에 헛갈려하고 궁금해 하는 사람들이 또 있었나 보다. 뒤져 보니 인터넷에 여기저기 이런 저런 추측이 난무한다. 한 자리에 모아보았다. 어떤 의견에 한 표?

Possibility 1

예전엔 교실에서 그런 규칙이 있었단다. 수업 중 작은 볼일이 급할 땐 한 손가락을, 큰 볼일이 급할 땐 두 손가락을 조용히 치켜들라고 했기 때문이라는 설.

Possibility 2

넘버 투의 '투two'가 큰 볼일을 뜻하는 '푸poo'와 운율이 맞기 때문이라는 설.

Possibility 3

급박함의 차이. 즉 작은 것은 못 참고 큰 거는 참을 수 있기 때문이라는 설.

Possibility 4

작은 것을 보러갈 때는 그 볼일 하나(No.1)만 하고 오지만 큰 것을 보러갈 때는 두 가지(No.2) 볼 일을 다 치르게 되기 때문이라는 설.

Possibility 5

위치 순서에 따라, 즉 작은 일을 보는 구멍은 앞에 있고, 큰일 보는 구멍은
뒤에 있기 때문이라는 설.

E - SPOT ～～～～～～～～～～～～～～～～～～～～～～～～～～～～～～～～

number two, feces, crap(속어), shit(욕설) 똥
number one, urine, piss (속어) 오줌
poop, poo, doodoo, doodie 응가
pee, peepee 쉬
urine and feces, excrement (배설물) 대소변
defecation (의료) 배변
stool sample (의료) 대변 검사
dung 큰 동물의 똥

한국의 네티즌들에게 엄청 화제가 되었던 발음킹! 눈으로 보면 배꼽 잡는 유머지만 귀로 들으면 절묘한 현실이다. 관전 포인트는 음절과 음절 사이에서 음흉하고 현란하게 암약하고 있는 그들의 혀! 예를 들면, '피퍼, 쿠어, 어아뽀으…'에서 그들은 분명히 L 소리를 내고 듣는다.

APPLE = 에아뽀으.

BANANA = 브내아느어

TOMATO = 톰에이러

HELP = 해협

I'M SORRY = 음 쏴리

MUSICAL = 미유지클

TOWEL = 트아워으

NOTEBOOK = 넛북

PEOPLE = 피퍼

COOL = 쿠어

SPAGHETTI = (ㅅ)브게리

You know (what) I'm saying? = 유남쌩~?

출처 : Danny J. Chae의 블로그 http://englishcocoon.blogspot.kr/2012/10/blog-post.html

19금 발음

"Actually I speak SEX languages."

미국 촬영 중 라인 PD를 맡고 있던 '잘난척 대마왕' 대니얼의 말이다. 다음엔 한국어에 도전하고 싶다며 뭐라뭐라 이야기하는데 더 이상 뒤엣말은 들리지도 않는다. sex language라니? 듣도 보도 못한 19금 단어에서 뇌가 정지된 느낌. 나만 그런 게 아니었다. 함께 출장을 갔던 김 대리도 눈이 휘둥그레졌다. "Sex language? What's it like?" 용감한 김 대리같으니라고! 그걸 또 묻는다, 기특하게. 그런데 대니얼이 무슨 자다가 봉창 두드리는 소리냐는 표정으로 되묻는다. "What?" 다시 김 대리가 나선다. "You said you speak SEX language. But I can't figure out what it is like." 그제야 상황을 파악한 대니얼. 갑자기 숨넘어갈 듯 웃음보가 터졌다. 눈물까지 글썽이면서.

그가 한 말은 SiX languages였다. 그러니까, 6개 국어를 한다는 자랑질을 했던 거다.

그걸 우리는 "I speak SEX languages."로 들었던 거다. 아니 엄연히 '이' 다르고 '에' 다른 것을, 무슨 맘으로 그리 야하게 발음한 걸까? 그들의 구강구조가 우리와 달라 생긴 오해라는 것을 나중에야 알게 되었다. 농경생활을 하며 채식을 주로 하던 우리와는 달리 유목생활을 하며 육식을 즐겨하던 그들. 그만큼 XX-Large 크기의 구강을 갖게 된 것이다. 그러다 보니 소리를 낼 때 아무래도 입놀림이 우리처럼 거뜬거뜬하기가 어려웠을 게다.

알파벳 모음 a-e-i-o-u 우리의 '아-에-이-오-우'가 아니다. 거꾸로 그들이 우리의 '아'를 발음하려면 김흥국을 흉내내듯 두 단계로 나누어 '으아'해야 한다는 것. 일단 발음한 뒤 그 큰 턱을 한번 툭! 떨어뜨려주는 게 그들의 모음을 소리내는 방식이란다.

아, 그렇구나! 그저 [f], [v], [θ], [ð]… 처럼 신경 쓰이는 자음들만 있는 줄 알았는데, 정작 신경써야 할 것은 비슷한 듯 다른 모음이었다. accept가 except처럼 들리고 six가 sex처럼 들렸던 것도 그럼? 아마도. 그리고 우리가 영어를 말할 때, 영어권 원어민들이 우리말을 말할 때, 영 어색했던 이유도 어쩌면 자음의 차이보다 모음의 차이에 있었던 것일지도 모르겠다.

이력서는 어떤 순서로?

글로벌 기업에 낼 이력서. 학력과 경력을 어떤 순서로 해야 할까?

ⓐ 가장 오래된 것부터   ⓑ 가장 새로운 것부터

이력서

학력

경력

일단 (b)를 추천하는 바이다.

그들이 관심 있는 것은 현재 당신의 능력을 읽을 수 있는 최신 정보. 그러니 가장 나중에 배웠던 학교와 가장 최근에 다녔던 회사가 궁금할 것이다. 참고로 〈포브스Forbes〉지가 소개한 한 연구[2]에 따르면, 채용담당자들이 입사지원자들의 이력서를 보고 적임자인지 아닌지 판단하는 데 걸리는 시간은 불과 6.25초란다. 그리고 그 6초 가운데 80퍼센트는 '이름/현재 직장과 직급/과거 직장과 직급/현재 담당 업무와 기간/기존 담당 업무와 기간/학력'을 훑어보는데 할애한다고 한다.

반면 우리는 대체로 시간 순서대로 적는 경향이 있다. 학력은 초등학교에서 시작하고 경력은 첫 직장에서 출발~. 물론 대체로 그렇다는 것이다. 과거에서 현재로, 혹은 현재에서 과거로. 왜 그렇게 적는 걸까. 그저 시간 인식에 대한 남다른 시각 차이일 수도 있겠다. 하지만 그 밑바탕에 존재 인식에 대한 근본적인 차이가 있는 것은 아닐까? "왕년에…". 이 말은 과거에 한 가닥 하시던 분들이 입에 달고 사는 말이다. 가문을 따지고 학력을 따지고 경력을 따지는 곳에서 이 말은 때로 의외의 힘을 발휘한다. 우리가 왕년의 흔적부터 이력서에 촘촘히 새기는 까닭도 어쩌면 그런 이유일지도 모르겠다는 생각이 문득 든다.

P.S.

직원의 세계화를 꿈꾸는 우리 기업들이 있다면 주목! 영미권에서는 이력서에 얼굴사진 붙이라는 기업은 바로 고소감이다. 외모가 안되면 떨어뜨리겠다는 의도로 읽힐 수도 있기 때문이다. 서류전형이나 면접과정에서 나이나 성별 국가를 묻는 것도 금지다. 그런데 얼마 전 신문기사를 보니 우리나라 100대 기업들 가운데는 거기에 부모의 학력(21.1%) 부모의 직업, 직위, 직장명(31.6%)까지 적어내라고 요구한다는데 대체 그런 건 알아서 무엇 하려고…요?

E - SPOT

résumé 이력서
personal details 개인 정보
contact info 연락 정보
objective 희망 업무 및 부서
work experience 경력
education 학력
honors&activities 상벌 사항
reference 추천인(대개 그 옆에 available upon request(상시 연락가능)이라고 적어둔다.)

당황하지 않고 천천히, 카~요~리~

왕 모 부장님의 미국 연수 스토리. 한번은 그곳에서 알게 된 현지인 친구와 저녁 식사를 같이 하기로 했다. 장소는 그 친구가 추천한 맛집 '카요리'.

'요리? 그럴 리야 없겠지만 식당이름 치고는 절묘하네. ㅋㅋㅋ. 그런데 카… 라니?'

주소를 물어보니 마침 왕부장님도 잘 아는 지역이었다. 드디어 약속 당일. 하지만 그곳에 '카요리'라는 식당은 없었다! 그 주변을 몇 바퀴 돌아봐도 마찬가지. 어디에도 '카요리'는 보이지 않았다. 할 수 없이, 친구에게 전화를 걸어 식당 이름을 다시 물었다.

"How do you spell the name?"

"C-O-Y-O-T-E"

어이쿠야! 왕부장님이 좋아했던 신지의 그 코요테였던 거다. 한참을 뱅뱅 돌다 본 그 레스토랑 coyote였던 거다. 그런 줄도 모르고… ㅜㅜ

믿는 도끼에 발등 찍히듯, 너무나 잘 알고 있다고 철석같이 믿고 있다가 낭패 보는 영어 발음들이 있다. 명사 특히 고유명사가 그렇다! 우리가 '코요테'로 알고 있는 '카요리coyote' 같은 동물 이름이 그렇고 '미켈란젤로'로만 알고 있던 '마이클 엔젤로Michelangelo', 이방인을 쓴 그 알베르 까뮈라고는 짐작조차 하기 힘든 '앨버트 캐머스Albert Camus' 같은 사람 이름이 그렇다. '네이플 Naple'이니 '새너제이San Jose' 같은 지명은 또 어떻고. 각각 '나폴리'고 '산호세'다. 거기에 유난히 미끄덩거리는 발음으로 한번 더 '이름 세탁'을 해버리는 미국식 영어에 대해 곱지 않은 시선도 많다. 자기네 이름은 그렇다 치고 남의 나라 이름, 남의 사람이름은 왜 '지들 마음대로'로 발음 하냐는 거다. 한 마디로 그 이름 그대로 고유한 이름을 존중하는 자세가 안 되어 있다는 볼멘 지적이다. 옳고 그름을 따지자고 치면, 할 말이 많은 이슈다. 하지만 그들과 당장 소통을 하는 게 목적이라면, 일단 그들이 어찌 발음하고 사는지 알아둬야 하지 않을까?[3]

너 뭐 잘 못 먹었냐?

누군가 당신에게 "What's wrong with you?"라고 물었다. 그 의미는?

(a) 왜 그래? 무슨 안 좋은 일이라도 생겼어?

(b) 너 도대체 왜 그러는 건데?

결론부터 말하자. "What's wrong?"은 걱정어린 관심 "What's wrong with you?"은 대개 모욕적인 힐난이다. 예를 들어보자.

늘 웃던 친구가 울고 있다. 그럼 우리는 그에게 다가가 "아니, 무슨 일이야, 뭐 안 좋은 일이라도 생긴 거야?"라고 묻는다. 그게 "What's wrong?"이다. "Are you OK?"라고 묻는 그 마음과 비슷하다.

하지만 여기에 with you가 붙으면 그 의미가 180도 달라질 수 있으니, 요주의! 도대체 납득할 수 없는 상대의 언행을 욕하지 않고 모욕하는 법이랄까. 우리말에도 "너 뭐 잘 못 먹었냐?"라는 표현이 있지 않은가. 그만큼 무례하게 들릴 수 있는 표현이다. 이미 표정이 더 많은 말을 하겠지만… 설마 이 말을 정말 뭘 잘못 먹은 건지 궁금해서 진지하게 물어보는 질문이라고 생각하진 않겠지?

me too? you too?

"I, I··· I love you." 용기 내어 고백하는 외국인 친구에게,

"···나도!♥"라고 대답하고 싶다면 어떻게 말해야 할까?

(a) Me, too.   (b) You, too.

잘못 들은 줄만 알았던 미국 드라마나 영화 속 난데없는 맞장구 "You, too."
영어권 친구들에게 물었다. "Me, too!"라고 해야 하는 것 아니야? 답은 둘로
나뉘었다. 둘 다 맞다는 의견과 "You, too."가 맞다는 의견! 그럼 양쪽 모두
"You, too."는 정답이라고 판정한 건데… 그동안 우리가 알고 있던 것과는 달
라, 살짝 당황스럽다. 다행히 그중 한 친구가 친절하게 설명해준 덕분에 잠시
후 고개를 끄덕일 수 있었지만.

"I love you."에 "Me, too."는 개그콘서트에서나 들어봄직한 대답이라는 것.
그도 그럴 것이 "나, 너 사랑해."라는 고백에 "나도 나를 사랑해.", 즉 "I love
ME(myself), too."로 들릴 수도 있다는 말이다. "I like Kimchi."라는 말에 "Me,
too."라고 맞장구치면 "I like Kimchi, too."라는 뜻이 되는 것처럼….

그럼 "Nice to meet you."에는? 그것도 "Nice to meet you, too."를 줄여서
짧게 "You, too."라고 되받는 경우가 많단다. 한국인의 무의식에 박혀 있는
영어표현 "I'm fine thank you and you?"만큼이나 견고했던 "Me, too."가 갑
자기 진도 7.5로 흔들리는 기분이랄까.

가능한 한 짧게 말하되, 중요한 정보는 되도록 앞에서 말하고 그 가운데서도
중요한 단어는 힘주어 말하는 게 영어의 소통방식이다. "너처럼 나도 김치를
좋아해!"라는 맞장구에서 상대에게 전할 가장 중요한 정보는 "나도!" 그래서
"Me, too." 반면 "네가 나를 좋아하는 것처럼 나도 너를 좋아해!"라는 맞장
구에서는? 상대가 가장 듣고 싶어할 정보는 "너를!" 그래서 You, too."가 된
다는 거다. (그렇게 생각하고 말하는 사람들이 제법 된다는 이야기다.)

이 대목에서, 잠시 달콤한 상상에 빠져본다. 당신이 평소 마음에 두고 있던 외국인 친구 누군가가 "I love you…"라고 고백해온다면, 뭐라고 대답하겠는가? Me, too?, You, too? 아니면 영화 〈사랑과 영혼〉의 그 말수 적은 남편처럼 Ditto?

커뮤니케이션 관점에서 보자면… 나는 둘 다 반댈세! 이런 상황에서 상대가 듣고 싶은 최고의 대답은, 한 마디 한 마디에 진심을 담아 "I LOVE YOU, TOO!". 짧게 말할수록 경제적이라는 말, 정보를 넘어 마음을 나누는 커뮤니케이션에서는 항상 맞는 말이 아니다.

비범과 평범, 그 사이에 스트뤠~스!

미국에 유학중이던 한 인도네시아 친구가 겪은 일이다. 미국인 친구의 집에 식사 초대를 받아간 자리. 그렇지 않아도 그의 어머니 음식솜씨가 좋다는 소문을 들은 터라, 며칠 전부터 기대에 부풀었단다. 막상 차려진 식탁을 보니 생각보다는 조촐했지만 음식 맛만큼은 단연코 two thumbs up! 예의만 아니었으면 그야말로 손가락까지 쪽쪽 빨아먹고 싶을 만큼 끝내줬다고.

"How's the food?"

친구 어머님이 묻더란다. 자신이 알고 있는 최상의 표현을 찾아 응답했다.

"It was extraordinary!"

그런데 그 말을 들은 친구 어머니 표정이 영 떨떠름. '엇, 내가 무슨 실수라도?' 뒤늦게 친구의 설명을 듣고서야 그 이유를 알 수 있었다.

강세가 문제였다. 그때 인도네시아 친구가 한 말은 "It was extraORDINARY!"
(정말로 무지 평범한데요)

ordinary를 강하게 발음하는 바람에 그 뜻이 그만 "It was really ordinary, very ordinary!"가 된 것이다. 그럼 애초 의도대로 칭찬하는 말이 되려면? "It was EXTRAordinary!" extra에 강세를 두어야 했다. 당황한 그에게 미국인 친구가 슬쩍 귀띔해준 말이다. 이런 실수라면 우리 한국인들도 할 이야기가 적지 않을 듯하다. 음절 중심의 언어인 한국말을 쓰다 보면 아무래도 강세 중심인 영어 발음이 낯설기 때문이다. 어디에서 힘을 주고 어디에서 힘을 빼야할지 여간해선 감도 못 잡겠고 좀처럼 익숙해지지도 않는다. 그야말로 stress강세 때문에 스트레스 받을 판!

P.S.
한때 TV 예능프로에서 자주 봤던 stress 게임.
MOnalisa – moNAlisa – monaLIsa – monaliSA
어디에 강세를 두든 우리에겐 다 '모나리자'다. 하지만, 영어권의 귀에는 네 명의 모나리자가 될 수도 있다니, 거 참…

syllable-timed language 음절 중심 언어
stress-timed language 강세 중심 언어

훌쩍 훌쩍 vs 패앵 패앵

밥상머리에서 하지 말아야 할 행동은?

(a) 패앵~ 패앵~ 코 풀기   (b) 훌쩍~훌쩍 코 들이마시기

우리 눈에는 (a) 팽~ 팽~ 코를 푸는 게 예의 없어 보인다. 하지만 영어권 문화에서는 그런 행동이 거슬리지 않는단다. 오히려 (b) 훌쩍~ 훌쩍~ 코 들이마시는 게 더욱 불쾌하게 여겨진다고.

도대체 무슨 생각을 갖고 보면 그렇게 생각되는 걸까? 물어보니 그들 나름대로 이유가 있다. 어차피 제거해야 할 이물질이니 몸에 담고 있으면 지저분하고 더러운 거 아니냐는 논리다. 하지만 그걸 왜 굳이 다른 사람들 앞에서 그것도 밥상머리에서 하는 건데? 되묻고 싶어진다. 그런 논리대로라면 몸에 있는 가스를 입으로 배출하는 트림은 왜 안 되는 건데?

가만 보면, 그들은 코 푸는 것에 너그럽고, 우리는 트림하는 것에 상대적으로 너그럽다는 생각이 든다. 왜 그럴까? 어쩌면 그 차이는 서로 다른 환경 때문일 것이다. 즉 비염이 상대적으로 많은 그곳에서는 코를 풀어야 할 일이 그야말로 '다반사'다. 그러므로 동병상련으로 너그럽게 넘어가 주게 된 것 아닐는지. 반면 우리는 짜고 매운 음식 탓에 위염으로 고생하는 이들이 많다. 그러다 보니 트림에 비교적 너그럽게 된 것일지도…. 그나저나 문화 차이고 뭐고 후각과 청각을 동시에 자극하는 트림은 개인적으로 좀 마이 거시기 하다. 그런데 여전히 우리나라를 포함하여 아시아 많은 나라에서 호쾌한 트림 소리가 '만족스러운 식사였다'는 칭찬으로 들리는 경우가 적지 않다니, 거 참 생각하기 나름인 것인가!

똑똑해 보인다는 칭찬이 섭섭하다?

What if?

안고 있는 아기를 들여다보며, 외국인 친구가
"She looks so smart!"라고 했다. 그 의미는?[4]

ⓐ 고놈 참 똘똘하게 생겼네.　　ⓑ 그런데, 얼굴이 좀…

She looks so smart!

어느 사회인들 외모로부터 자유로울까마는, 우리 사회는 유독 민감하다. 혹시 우리의 조상은 단군이 아니라 '외모지상주의'의 원조인 고대 그리스인들이 아니었을까 싶을 정도다. '외모천하지대본'의 기치는 무소불위. 갓난아기라고 예외가 아니다. 자기 아기를 두고 '예쁘다', '잘 생겼다'는 말 대신 '똑똑해 보인다', '건강해 보인다'라는 칭찬을 들을 경우, 그건 왠지 외모가 도저히 칭찬할 지경이 아니라는 말로 들린다는 부모들이 적지 않다. 마찬가지로 소개해줄 상대가 '착하게 생겼다'는 말은 곧 못생겼다는 뜻으로 새겨듣는다는 청춘남녀들도 많다. 어쩌다가?

아름다운 외모는 물론 경쟁력이다. 하지만 아름다운 외모에 대한 비현실적이고 획일적인 기준과 이에 대한 병적인 집착은 좀…. 조금 과장해서 말하자면 지금 우리의 현실은 유니폼을 맞추듯, 모두가 작은 얼굴에 큰 눈 그리고 오똑한 코로 얼굴을 완전히 새롭게 '포맷팅formating' 하는 데 남녀노소가 따로 없다. 그 와중에 관상학적으로 중년의 부귀를 상징하던 광대뼈는 저주의 아이콘이 되고 말았다. 영국 〈이코노미스트〉 지가 입증해준 '세계 1위 성형 대국'에서 살아남을 방법이 달리 보이질 않았던 것일까. 이제 겨우 초등학생인 자녀의 손을 잡고 성형외과로 데리고 가는 부모들 이야기가 종종 들린다. 그야말로 어머님 날 낳으시고 선생님 날 만드시니… 의사선생님 손길을 거쳐 '의란성 쌍둥이'들을 양산해내는 이 현상 앞에서 "Beauty is in the eye of the beholder."(제 눈에 안경!)라는 말은 이제 호랑이 담배피던 시절 이야기가 된 걸까?

일주일의 시작은 월요일? 일요일?

새로운 한주가 시작된다. 첫 번째 요일은?

(a) Monday   (b) Sunday

"여자에게 하루의 시작은 아침이 아니라 지난밤입니다."

그렇게 속삭이던 화장품 광고 카피가 있었다. 에이, 그건 광고 카피고, 진지하게 다시 묻는다. 한 주가 시작하는 요일은? 당연히 월요일… 이라고 우리는 생각한다. 세계 기준 ISO 8601으로도 그게 맞다. 한 주는 월요일에 시작해서 일요일에 끝난다. 하지만 미국과 같은 몇몇 나라에서는 일요일에 시작해서 토요일에 끝나는 게 한 주다. 그래서 달력도 제일 앞을 일요일이 차지하고 있다. 학교나 회사 사회 전체가 사실상 월요일에 한 주 일정을 시작하면서도 말이다.

"What is the first day of a week?"

이렇게 질문해보라. Sunday라고 대답하는 사람들이 의외로 많을 것이다. 시간과 날짜에 대한 웹사이트 www.timeanddate.com에는 아예 이렇게 나와 있다.

"The first day of the week varies all over the world. In most cultures, Sunday is regarded as the first day of the week although many observe Monday as the first day of the week."

(새로운 한 주의 첫날. 그것은 전 세계적으로 다양하다. 대개의 문화권에서는, 일요일이 한 주의 첫날이라고 여겨지고 있다. 비록 월요일을 한주의 첫날로 살아가고 있긴 하지만.)

대개의 문화권에서는 한 주가 일요일에서 시작해서 토요일로 끝난다고? 대개의 문화권인지는 모르겠다. 하지만 분명한 것은, 유태교나 기독교의 영향을 받은 문화권에서는 일-월-화-수-목-금-토, 일주일을 그렇게 센다. 지구를 중심으로 가장 가까이에 태양, 그 옆에 달, 이어서 화성, 수성, 목성, 금성, 토성. 성경에 석혀 있기를 하느님께서 그 순서로 세상을 창조하시고 일곱 번째 되는 날은 이제 좀 쉬자 하셨다는데, 그날이 바로 토요일! 안식일the Sabbath이라는 것이다. 그럼 우리가 말하는 '이번 주 일요일'이 그들에겐 '다음 주 일요일'? 헷갈리기는 그들도 마찬가지인 듯하다. 인터넷에 올라온 질문들을 보면 This Sunday, next Sunday, This coming Sunday 사이에서 길을 잃고 헤매는 분들이 제법 많다.

갈릴레이 갈릴레오 이전에 우주가 지구를 중심으로 돈다고 굳게 믿던 그 시절의 이야기다. 로마시절에 굳어진 이 요일 순서는 코페르니쿠스적 전환 없이 지금에 이르고 있다. 잘 알다시피 과학이 정정해준 행성의 순서는 태양을 중심으로 '수성Mercury-금성Venus- 지구Earth- 화성Mars-목성Jupiter-토성Saturn-천왕성Uranus-해왕성Neptune-명왕성Pluto'.

미국 초등학생들은 이 순서를 다음과 같이 한 문장으로 만들어 외운단다.

"My Very Educated Mother Just Served Us Nine Pies."

P.S.

이 가운데 유일하게 미국인이 발견한 명왕성은 이제 이 순서에서 빠지게 되었다. 많은 논란 끝에 2006년 세계천문학회가 명왕성의 행성지위를 박탈했기 때문이다. Nine Pies 대신 Nachos, Noodles, Nothing등이 대타로 등장 중

점검 목적? 점검 대상?

What if?

'음주 운전 단속'은 영어로?

(a) D.U.I Check   (b) SOBRIETY Check

똑같은 일을 해도, 어디에 초점을 맞추고 있는지에 따라 이름이 달라진다. 누군가는 문제problem에 초점을 맞추지만, 누군가는 해결된 상황solved situation 혹은 비전vision에 초점을 맞춘다. 사회도 마찬가지. (a) D.U.I Check처럼 '음주단속'하는 중이라고 말하는 곳이 있는가 하면 (b) SOBRIETY Check와 같이 '정신이 말짱한지 단속'하는 중이라고 말하는 곳도 있다.

911 사건 이후 공항 곳곳에서 실시되는 불심 검문 상황은 어떤가. '테러 색출 중'이라는 팻말을 붙여놓을 수도 있고 '안전 확인 중'이라는 팻말을 붙여놓을 수도 있다. 일상에서도 그렇다. 고장난 엘리베이터에 누군가는 '고장'으로, 누군가는 '수리 중'이라는 안내문을 걸어놓는다. 어떤 쪽이 맞고 또 어떤 쪽이 틀리다고 평가할 대목은 아니다. 서로 상황을 바라보는 관점이 다른 거니까.

다만 한 가지! 각각의 관점에 따라 달라진 표현방식의 효과 또한 분명 다르리라는 점에 주목하길. 앞서 공항의 소통방식에서 '테러'라는 말과 '안전'이란 말은 각각 어떤 영향을 가져올까? 어느 한 쪽은 상대를 긴장하게 하고, 다른 한 쪽은 상대를 안도하게 만들지 않을까. 커뮤니케이션에서 영향과 결과에 깨어있다는 것은 바로 이러한 차이를 인식하는 것이다.

차마 부를 수 없는 그 이름

외국인 친구와 걷고 있는데, 건너편 건물 위에 엄청난 크기로 KIA라는 이름이 보였다. 기아자동차다. 한때 담당했던 광고주라고 했더니 친구가 묻는다. 왜 하필 영문 표기가 KIA냐고. 아니 그게 왜? 그 친구 말인즉, K.I.A.가 생각나지 않느냐는 거다. 흠, 그러고 보니 그렇기도 하네…

Killed In Action. '작전 중 사망'을 줄여 말하는 군사용어가 K.I.A.다. 마치 시한부 환자의 차트에 의사들이 조심스레 적는 G.O.K.God only knows처럼.

글로벌 시대라고 하니, 우리 이름의 영어 표기가 예사롭지 않게 보인다. 가수 유희열 이름을 듣고 You, Here? I'm there!라고 누군가 농담을 했다는 이야기를 들었다. 이 정도라면 유쾌한 오해다. 하지만 그대로 영어로 옮겼다가는 곤혹스럽거나 낭패스러운 지경에 이를 수도 있는 이름도 있으니, 그 고전적인 예가 '대영'이란 기업. Dai-Young으로 표기한 영어이름이 그곳 소비자들에게 Die Young.요절을 떠올리게 한다는 것이다.

기업이나 제품만이 아니다. 사람도 마찬가지. 예를 들어 이름에 석[suck], 범[bum], 식[Sick?], 반[Ban], 일[ill]자가 들어간다면, 특히 발음과 표기에 주의할 일이다. 문득 궁금해진다. 가수 '서유석' 아저씨. 국악인 '안비취'의 여권에는 영문 성함이 어떻게 적혀있을까?

P.S.

얼마 전 타계한 건축가 이타미준이 스승으로 모셨다는 재일화가 곽인식 선생의 영문명은 Quac In-Sik. 얼핏 보고… 아이쿠야! Quack In Sick(와병 중인 돌팔이 의사)인 줄 알고 깜짝 놀랐다.

잇몸치료제의 줄임말이라는 '잇치'라는 이름도 맘에 걸린다. 듣는 순간 itchy가 생각나기 때문이다. 커피체인점 Coffine Gurunaru는 또 어떤가? Coffine이 Coffee와 Wine의 합성어라는데 볼 때마다 Coffin(관)으로 읽히는 걸 어쩌랴.

stop할까, drop할까

약속이 있어 나가려는데, 마침 가는 길이라며 룸메이트가 차를 태워주겠단
다. 이렇게 고마울 수가! 드디어 약속 장소가 코앞에 보인다. "여기서 세워줄
래?" 영어로는 어떻게 말해야 할까?

(a) Can you stop here, please?　　(b) Can you drop me off here, please?

어느 쪽으로 말하든 차는 세워줄 것이다. :) 하지만 듣는 입장에서는 (b)에 한 표.

"나, 여기서 떨궈주고 바쁜데 어여 갈 길 가소!"

drop에는 그런 뉘앙스가 들어 있다. 하지만 stop을 쓰면 "뒤는 모르겠고, 일단 나는 여기서 내려야겠소!"라는 느낌이 있단다. 택시를 탄 경우라면 stop이 자연스럽다. 하지만 위의 상황처럼 가는 길에 일부러 차를 태워준 이에게 할 말로는 적절치 않다는 말씀!

그런데 우리말로 '세우다'에 꽂혀 영작을 하다 보면, 당장 stop부터 떠오르지 않던가! 딱히 틀리다고는 할 수 없지만, 모국어로 듣는 이에겐 그리 유쾌한 기분은 아닐 터. 외국어로 말한다는 것은 이렇게 의도치 않게 시야가 좁아지는 경험이 되기도 한다.

거리의 천사? 혹은 잡상인?

길을 가고 있는데, 외국 관광객이 지도를 들고 두리번두리번 있다.

"도와줄까요?" 묻는다면 다음 중 어떤 표현이 더 적절할까?

(a) May I help you?　　　(b) Do you need any help?

공손하기로 치면 "May I~". 하지만 이와 같은 상황이라면 (b) Do you need any help?가 오히려 적절하게 들릴 수도 있다. "You need help?" 혹은 "Need help?" 아니면 "Help?"만으로도 도와주겠다는 의사는 충분히 전달 가능하다.

하지만 겸손 공손모드로 들려서 선뜻 마음이 먼저 갔을지도 모를 (a) May I help you?는 좀 생각해볼 여지가 있다. 아니 왜? 상황에 부적절한 그 겸손과 공손이 오히려 상대를 긴장시키는 효과를 줄 수도 있기 때문이다. 서비스 직종의 접객 멘트라면 모를까. 길거리에서 갑자기 다가오는 낯선 사람에게 이 말을 듣는다? 왠지 잡상인 아니면 불순한 의도로 접근하는 이가 아닌지 한 발 뒤로 물러서게 된다고.

갑자기 "도를 아십니까?"라며 다가오던 사람들이 떠오른다.

E - SPOT

solicitor, hawker 잡상인 cf. No soliciting./ No hawkers. (잡상인 출입금지)

얼굴로 그리는 승리의 V

What if?

V-line face를 지닌 여배우를 영화 〈백설공주〉에 캐스팅한다면
어떤 역할이 적당할까?

(a) 백설 공주   (b) 백발 마녀

요즘 이곳 사람들이 생각하는 이상적인 모습은 단언컨대 몸매는 S-line, 얼굴은 V-line.('뾰족 턱은 박복한 말년 운'이라고 믿었던 거, 다 옛말이다). 어느 날 갑자기 '승리의 V'를 얼굴로 그려 보이며 나타나는 연예인들이 부쩍 늘어났다. 게다가 마시면 그렇고 되고, 바르면 그렇게 된다고 호언장담하는 제품들이 쏟아져 나오고 있다. 그래도 안 되면?

고치면 그렇게 된다고 약속하는 성형외과 광고가 기다리고 있다. 목하성업 중인 이곳의 성형외과들. 이제 그 약속을 글로벌하게 펼쳐나갈 기세인 듯. 온라인, 오프라인 여기저기 영문 광고가 부쩍 눈에 띈다. 작고 갸름한 얼굴에 대한 동경이 만들어낸 'V자형 얼굴'. 그런데 우리의 기대와는 달리 '미녀'가 아닌 '마녀'가 연상된다고 하는 외국인들이 적지 않다.

아름다운 외모를 추구하는 것이야 모든 사회가 비슷하겠지만, 어찌 그 기준이 하나로 통일될 수 있는지 모르겠다고 〈논객닷컴〉에서 스테판 쿠랄레 Stephane Couralet 교수는 말했다.[5](통일에 대한 염원 때문일까? 식당에서도 주문 통일, 성형할 때도 얼굴 통일… 그것도 V자형 얼굴로!)

암튼 한국인들 눈에는 그게 그렇게 보이는가 보다 애써 고개를 끄덕이다가도 여전히 갸우뚱하게 된다고. "이 사람들은 모두 V자형 얼굴을 아름답다고 생각한다 이거지?" 그러니까 내 대답은, 그러니까… 음…

white를 다시 생각하다

What if?

다음 괄호에 들어갈 영어 단어는 무엇일까?

(a) 흰 머리 : (　　) hair

(b) 하얀 피부 : (　　) skin

(c) 피부를 하얗게 해주는 로션 : (　　) lotion

white hair, white skin, whitening cream이라고 적었다면, 잠깐 이야기 좀…
본론부터 말하면, 영어로는 grey hair, fair skin이라고 한다. 그리고
whitening lotion은 동양용! 속칭 Caucasian이라고 불리는 백인들에겐 필
요 없기 때문이다. 하얀 피부를 동경하는 여성들이 동양에 많다면, 서양에는
반대로 가무잡잡한 피부를 동경하는 여성들이 많다. 그들에게 white는 미색
이 아니라 병색. white skin이라 하면 당장 pale skin부터 떠올리는 이유다.
그래서 건강하고 섹시해 보이도록 tanning lotion, bronzer를 바른다. 마치
동양 여인네들이 whitening lotion를 바르는 것처럼.

E - SPOT

Caucasian 백인. 지중해 코카서스Caucasus 지역의 이름에서 유래했다. 하지만 이 단어는
P.C.political correctness 운동의 관점에서 비추천 단어다. 흑인 백인을 가르는 인종차별
이 느껴지기 때문이다.

공부한다고? 편지쓴다고?

What if?

도서관에서 시험공부 중. 창 밖에서 친구가 보고 밖으로 놀러가자고
손짓한다. "안 돼! 공부해야 해" 어떻게 알려야 할까?

(a) 필기를 하는 동작으로   (b) 책장을 넘기는 동작으로

우리는 (a) 필기를 하는 동작으로 나타내는 공부를, 영미인들은 (b) 책장을 넘기는 동작으로 나타낸다. 영국에 유학 간 친구가 들려준 이야기이니 믿을 만한 문화적 차이일 것이다. 그 친구가 공부해야 한다는 의미로 열심히 뭔가를 쓰는 동작을 해보였더니 나중에 영국인 친구가 그러더란다. 편지 혹은 원고 쓸 게 있어서 못 간다는 줄 알았다고. 그렇게 보자면 또 그렇게 보일 수도 있겠다 싶다.

사소한 동작의 차이지만, 공부는 어떻게 하는 것인가에 대한 양쪽 문화의 차이를 보여주는 사례일 수 있다. 조용히 선생님의 말씀을 듣거나 필기를 받아 적는 것이 우리가 공부하는 방법이라면, 그들은 주로 책을 읽고 그에 대한 자기 생각을 발표하거나 토론하며 공부를 한다.

미국의 명문 세인트 존스 대학Saint Johns College의 경우, 대학 4년 내내 고전 100권을 읽고 토론하는 것이 커리큘럼의 전부다. 강의나 시험도 없다. 한 권한 권 읽고 토론하는 것이 이 대학에서 공부하는 법! fast-follower와 first-mover. 어떻게 무엇을 공부하느냐에 따라 학교 문을 나서는 아이들의 모습이 달라지리라.

P.S.
명령문이 먹히지 않는 동사 세 개가 있단다. 사랑하다love, 꿈꾸다dream, 그리고 독서하다read. 모로코 출신 프랑스 작가이자 교사였던 다니엘 페낙 Daniel Pennac의 말이다. 생각할수록 고개가 절로 *끄덕끄덕*….

the first floor는 몇 층?

What if?

the 1st floor는 몇 층일까?

(a) 1층   (b) 2층

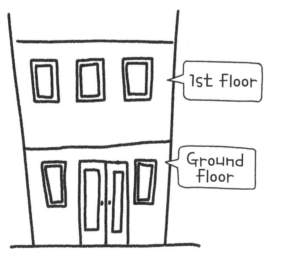

당연히 1층… 일 것 같지만 그게 아니다. 영국에서는 우리가 2층이라 부르는 층을 the 1st floor라고 부른다. 아니 왜? 그들 관점에서는 우리가 1층이라 부르는 지상층은 문자 그대로 Ground floor. 거기에 한 층을 올린 것이 1층이라는 거다. 마치 나이를 세는 것과 비슷하다고나 할까. 태어나 1년이 지나야 비로소 한 살이 되는 문화가 있는가 하면, 우리처럼 태어나자마자 한 살이 되는 문화도 있지 않은가. 그렇게 생각하면 끄덕끄덕. 암튼 영국에서 온 친구와 1층에서 만나기로 할 땐, 요주의! 참고로, 미국에서 the 1st floor라 할 때는 우리처럼 지상층, 즉 1층을 가리킨다.

말이 나온 김에, 우리나라에서는 건물에 '4死층'이 없는 것이 많은 것처럼 영어권에는 '13층'이 없는 건물이 종종 있단다. 13이 집 주소에 들어가지 않도록 아예 13번지를 빼버리는 곳들도 많다고. 그러고 보니 그 영화 〈13일의 금요일〉도? 맞다, 그 13이다. 이 숫자에 대한 서양인들의 무의식적 금기는 생각보다 큰 듯하다. triskaidekaphobia(13공포증, 즉 fear of the number 13)이라는 단어가 있을 정도다. 그런데 어쩌다가?

떠도는 말로는 예수와 12제자 이렇게 13인이 함께 한 '최후의 만찬'에서 유래되었다는데… 공교롭게 13인이 모이면 그 가운데 한 사람이 죽거나 죽을 만큼 힘든 일을 겪게 되리니! 숫자 13의 메시지를 그렇게 해석하는 이들이 그곳에 많이 살고 있는 듯하다.

승리의 브이, 모독의 브이

What if?

다음 손동작의 의미는?

(a) victory　　　(b) double f**k

우리에게는 '승리의 브이'다. 손바닥을 밖으로 하든, 안으로 하든!
그런데 영국에서 이 손동작은 상대를 모독하는 행위로 비칠 수도 있다. 아마
도 double f××k을 연상시켜서? 한편 그리스에서 이 동작은 "Beat it!" 꺼져
버리라는 뜻이라고.

그리스… 하니까 생각나는 또 다른 바디 랭귀지body language! 한쪽 손바닥
을 내보이며 다섯 손가락을 쫙 펴 보이는 그 동작을 그곳 사람들은 '무챠
moutza'라고 부른다. 어디서 많이 본 동작 아닌가? 그렇다. 한때 아이돌들이
우르르 나와 칼군무하듯 하던 그 인사, "우리는 … 예요!" 그런데 이 동작,
그리스 파키스탄 아프리카 등지에서는 상대에게 퍼붓는 저주란다. 지옥에나
떨어져라 "To hell with you!"
아이쿠야…

인간의 몸으로 재는 세상

인간의 몸은 가장 확실한 현실! 그 현실로 세상을 재는 것이 human scale,
인간 척도다. 그런데 몸 가운데서 주로 어느 부분으로?

(a) 손   (b) 발

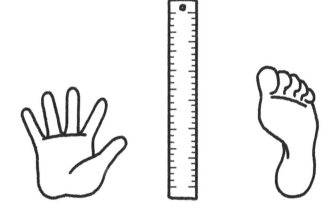

우리는 ⒜ 손, 영미권은 ⒝ 발로 재는 게 익숙한 듯하다,

일단 우리부터 살펴보자. 일상에서 흔히 들었던 '삼척동자'의 '척', '한 치 앞을 모른다'의 '치', '내 코가 석자'의 '자'. 그것들이 우리가 세상을 재는 단위다. 손가락 한 마디 단위로 재는 '치'. 손가락을 쫙 펴서 재는 '자'. 한자로는 척(尺)이다. 손가락을 펼쳐 물건을 재는 형상을 그대로 보여주는 상형문자다. 그러던 것이 손목에서 팔꿈치까지의 길이 정도를 나타내는 약 30cm로 바뀌었다. 하지만 우리 단위의 주인공은 역시 손!

한편, 영미인들은 어떤가? 그들이 일상에서 쓰는 척도는 4가지

inch(in),　　foot/feet(ft),　　yard(yd),　　mile(mi)

그들은 미터법을 쓰지 않는다. 일설에 의하면 프랑스가 만든 걸 쓰는 게 정서적으로 용납이 안 된 영국 그리고 그 영향을 미국이 받아서란다. 어쨌든 이 네 가지 가운데 inch는 라틴어로 로마인들 발의 1/12one-twelfth of a Roman foot를 의미하는 단위 uncia에서 유래했다고 한다. 한편 foot/feet은 글자 그대로 성인 남자의 평균 발 길이 혹은 평균 보폭에서 유래했다.[6]

손으로 재는 문화, 발로 재는 문화, 어쩌다가 이렇게 달라졌을까? 한곳에 정착해서 농사를 짓는 농경문화에서는 상대적으로 손이, 새로운 곳을 찾아다니며 이동하는 개척문화에서는 상대적으로 발이 아무래도… 그저 심증일 뿐이다. 암튼 내 몸으로 세상을 재겠다는 그 생각이 참 인간적이지 않은가! 비록 사람마다 시대마다 편차가 심해서 잣대로서의 기능이 부실해질 수도 있겠지만 말이다.

그 질문, 질문 맞나요?

불고기, 잡채, 궁중 떡볶기…

한상 그득 차려진 한식을 외국인들에게 대접하는 행사.

MC가 한창 시식을 하고 있는 한 외국인에게 묻는다.

"맛있나요?" 영어로 뭐라고 했을까?

(a) Is it delicious?   (b) How doest it taste?

진정 상대방의 반응이 궁금하다면, (b) "How doest it taste?"라고 물어보시길! 혹은 "How do you like it?" 열린 질문으로 물어보라는 거다. 상대가 어떻게 뭐라고 말할지 열린 마음으로 대답을 기다리는 질문 말이다. 하지만 TV에서 본 그 한국인 MC는 통역 없이 (a) "Is it delicious?"라고 물었다. 이런 질문의 경우 상대방이 할 수 있는 대답은? "Yes." 혹은 "No." 둘 중의 하나다. 닫힌 질문이다.

입장을 바꿔놓고 생각해본다면 그런 질문을 듣는 기분이 어떨 것 같은가? 어쩌면 그런 질문의 숨겨진 정체는 질문을 가장한 강요일지도 모른다. 아니 그럴 확률이 높다. "맛있지? 맛있지? 정말 맛있지?"라고 들이대는 입맛의 강요! 앞서 말한 그 MC가 아니더라도 많은 한국인들이 그렇게 묻는 걸 본다. 그 가운데는 이렇게 되묻고 싶은 분들이 계실지도 모르겠다. 강요라니? 아니, 맛있으니까 맛있냐고 물은 건데, 그게 뭐 어때서? 하긴 좋다고 느껴지고 옳다고 여겨지면 남에게도 권하고 싶은 게 우리 사람 마음. 하지만 좋은 것도 취향 나름이고, 옳은 것도 관점 나름이라고 생각하면? 그 질문이 강요처럼 들릴 수도 있다는 말이다. 이런 껄끄러운 이야기를 버나드 쇼G. Bernard Shaw 가 깔끔하게 정리해주고 있다.

Do not do unto others as you would they should do unto you.
Their tastes may not be the same.

(당신이 대접받고 싶은 대로 남에게 대접하려고요? 그러지 마십시오.

그 사람들 취향이 당신과 같지 않을 수도 있으니까요.)

P.S.

아주 맛있다는 의미로 "Very delicous."라고 했더니 옆에서 외국인 친구가 정정해준다. delicious에는 이미 very가 들어있다고. 마치 very perfect처럼 말이다. 그렇구나…

E - SPOT
adventure eater 새로운 음식, 낯선 음식에 기꺼이 도전하는 사람
Tastes differ 사람마다 입맛은 제각각.
yummy 맛있게도 냠냠, 어른들도 재미삼아 쓸 때도 있지만, 점잖은 어른들이 쓰는 bye, bye처럼 어색하게 들릴 수도.
yucky 맛이 없을 때. (우리말 '역하다'와 발음도 의미도 흡사하지 않은가!)

TIP

누군가 당신에게 143이란 숫자 메시지를 보내왔다면 그것은 사랑의 고백이다. 한 글자 네 글자 세 글자로 된 문장, I Love You. 미국 해안경비대 공식 홈페이지에 소개된 유래는 이렇다.

1984. 보스턴 앞바다 절벽위에 세워진 한 등대에서 처음으로 1-4-3 점멸방식을 사용한다. 마치 빛으로 보내는 모르스 부호처럼, 깜빡∥깜빡-깜빡-깜빡-깜빡∥깜빡-깜빡-깜빡.

마침 해안에서 목하 데이트 중이던 연인들의 눈에는 그 신호가 빛으로 고백하는 I love you라고 읽혔던 모양이다. 그 후로 1-4-3은 사랑의 고백을 대신하는 숫자가 되었다고. 이 등대의 이름도 Minot's Ledge Light라는 공식 명칭보다 Lover's Light라는 애칭으로 더 유명해진다.

한편, 이 등대가 세워지게 된 배경도 들어둘 만하다. 1845~1850년. 아일랜드의 감자 대기근이 발생한 시기다. 케네디 피츠제럴드 맥도널드 등의 성을 가진 아일랜드 사람들이 뱃길 대장정에 나선다. 목적지는 북미. 하지만 천신만고 끝에 다다를 무렵 보스턴 앞바다에서 난파되기 일쑤였다. Minot's Ledge Light가 세워진 이유다.

토끼 애교

대화 중에 '주먹 쥔 양손을 들어 올려 검지 중지를
까딱까딱 해보이는' 상대. 이 행동의 의미는?

(a) 나 좀 귀엽게 봐줘~잉   (b) 이거 어디서 다른 사람이 한 말인데……

우리말로 '토끼 애교'라는 말이 있다. 처음 듣는 분들은 요즘 젊은이들과 소통을 위해서라도 검색 한 번 해보기를! 아이돌이라 불리는 남녀 가수나 배우의 모습이 보일 것이다. 머리 양 옆으로 두 주먹을 쥐고 둘째 손가락과 가운데 손가락을 펴고 까딱까딱, 동작과 동시에 자동으로 뿌잉~ 뿌잉~ 오디오 재생이 되는 이 동작이 우리에겐 '애교'인 반면에 영미권에선 '인용'을 뜻한다. air quotes, air bunnies, bunny-finger quotes, 혹은 그냥 finger quotes 다양한 명칭으로 불리는 이 몸짓 언어는 이름만큼 다양한 의미를 전달한다. 가장 기본적인 메시지는 "이거 어디서 다른 사람이 한 말인데…"

만일 누군가 당신에게 "Are you a human being?" 물으며 human being 앞뒤로 이 동작을 취했다면? 그건 '당신이 그러고도 사람이냐'는 힐책이다. 또는 '여기가 내가 강조하고 싶은 부분인데'라는 의미나 '액면 그대로 받아들이지 말아줬으면 좋겠는데…'라는 뜻으로도 이 동작을 한다. 그런가 하면 상대나 다른 사람이 한 말을 비꼬아 주고 싶을 때도 활용 가능하다. 가급적 표현을 절제하려는 우리와 달리, 어떻게든 적극적으로 표현하려고 하는 영어 특유의 언어 태도 때문일까? 그 동네 시트콤을 보면 어깨를 으쓱해 보이는 동작 shrug만큼이나 이 동작 air bunnies를 자주 볼 수 있다.

quote… unquote 따옴표 열고… 따옴표 닫고
open parens…. close parens 괄호 열고… 괄호 닫고(parens = parentheses)

결혼을 위한 최고의 달?

What if?

결혼을 꿈꾸는 여성들이 가장 선호하는 것은?

(a) 오월의 신부 Bride of May   (b) 유월의 신부 Bride of June

대체로 이곳의 여성들은 (a) 오월의 신부를 꿈꾸고 서양에서는 (b) 유월의 신부를 꿈꾼다. 쉽게 짐작하듯 이곳에서는 5월이 '계절의 여왕'으로 불릴 만큼 꽃피고 새 우는 아름답고 행복한 달로 여겨지기 때문이다.

한편 서양에서는 유월이 그렇다. 가장 아름다운 계절! 게다가 June이라는 그 달의 이름처럼 Juno 여신의 달이기도 하기 때문이다. 그녀가 누구인가? 신 중의 신 제우스의 아내이자 결혼과 출산의 여신이다. 덕분에 유월의 신부는 2000여 년 전부터 그곳 여성들의 로망이 되어왔다.

참고로 그들에게 오월의 신부는 기피의 대상이다. 아니 왜? 옛 로마시절부터 오월은 '불행하게 죽은 자들의 달the month of the "unhappy dead"'로 여겨졌기 때문.

북미 인디언들이 오월을 '오래 전에 죽은 친구를 생각나는 달'로 부른 것도 그래서였던 걸까? 이토록 아름다운 오월을 누리지 못하고 먼저 가버린 그들이 너무 안타까워서 그런 줄만 알았는데.

an auspicious day 길일, 상서로운 날

내 맘 같지 않은 것이, 어디 영어뿐이랴!

\#

이 시대의 문맹은 글을 못 읽는 것이 아니라 마음을 못 읽는 것이다! 일본의 젊은 작가가 한 말이다.[1] 그가 어떤 의도로 이런 말을 했는지는 모르겠다. 하지만 생각할수록 무릎을 치게 된다. 변화무쌍하고 불확실하니 예측불허 모드일 밖에 없는 지금 이 시대. 살아가려면, 아니 살아남으려면 경쟁이 아닌 협력을 해야 할 때가 점점 많아지기 때문이다. 협력을 하려면 서로의 마음부터 읽어야 할 터! 그것이 공존의 지혜이고 공감의 기술이기 때문이다.

\#

커뮤니케이션에 대한 아주 오래된 오해가 있다. '말하기to talk'에 대한 것. 물론 그렇기도 하다. 하지만 진정한 '의사소통' 줄여서 '소통'이라고 옮길 수 있는 커뮤니케이션은 그보다 더 깊은 곳에서 일어난다. 소통疏通. 말 그대로 차이를 넘어 경계를 넘어 서로 다른 마음과 마음이 맞닿는 것이다. To connect! 그 순간이 얼마나 짜릿한지 얼마나 충만한지 한번이라도 경험해 본 사람은 안다. 우리가 관계에서 꿈꾸는 것도 바로 그 순간 그 느낌! 하지만 '내 맘' 같지 않다. 사람과 사람 사이. 문화와 문화 사이. 그 사이에 있는 차이 때문에? 아니다 입장이 다르고 관점이 다른 건 자연스러운 현상일 뿐. 문제가 될 건 없다. 다만 그런 줄 모른다거나 그런 차이를 인정하지 않거나 존중하지 않기 때문이다. "그런 줄 다 아는 데 그게 어디 쉽나?" 알면서도 어렵다고 하는 거, 들여다보면 지금 있는 자리에서 한 발짝도 움직이지 않겠다는 마음에 덧씌운 변명일 때가 많다. 헌데 어려운 게 아니라 불가능한 것이라고 철석같이 믿는 경우도 있다. 마치 눈앞에 놓인 숫자 9를 누가 봐도 9라고 믿는 것처럼! 소통에 적신호가 켜지는 순간이다. 같은 숫자를 이쪽에서 9로 바라보는 사람과 반대편에서 6으로 바라보는 사람 사이에서 서로가 관점의 상대성을 깨닫지 못하거나 인정하지 못하면 여지없이 불통이다. "겉으로는 서로가 관점의 상대성을 인정한다고 한다. 하지만 자신의 관점만은 예외라고 생각하는 경향이 있다. 너무나 분명한 사실이라고 굳게 믿기 때문이다."[2] 마치 눈앞에 놓인 숫자 9처럼.

#

어느 지점에서 어떤 마음으로 상대를 혹은 세상을 바라보는지에 따라 말의 표현도 의미도 달라지기 마련이다. 그저 같은 말을 한다고 해서 될 일이 아닌 거다. 예를 들면…

■ 안전선 밖으로 물러나십시오! 얼마 전까지 우리가 들어왔던 지하철 안내

방송이다. 안전선 밖? 승객의 안전을 위해 그어놓은 안전선이 어느 틈에 기사님의 안전선이 되어버렸다. 이 또한 관점 차이!

■ 강을 거슬러 오르던 연어를 낚는 곰. 이 사진의 제목은? 〈행복한 식사 시간〉. 알래스카 여행 중에 찍었던 사진을 보며 누군가 묻는다. 이 사진 제목은 〈임종의 순간〉이어야 하는 거 아닙니까? 아니 왜요? 연어의 입장에서 보면 말입니다. 듣고 보니 그렇군. 역시 관점차이!

■ 강 건너편에 있는 친구에게 물었다. 강 건너로 어떻게 가야 하지? 이미 강 건너에 있잖아? 말귀를 못 알아먹는 친구 같으니라고! 이쯤 되면 우정도 말 아먹을 지경이다. 관점 차이의 비현실적인 예!

■ 요리를 잘 하는 중국인 남자와 그 요리를 좋아하는 미국인 여자가 결혼했다. 그리고 첫 번째 '제3차 세계대전'급의 부부싸움이 일어났다. 발단은 '웍 wok'. 남편이 없는 사이 그가 아끼는 웍에 시꺼멓게 덕지덕지 쌓인 '때'를 여자가 깨끗이 닦아놓은 것이다. 남자에게 그것은 '즐거웠던 시간의 흔적'이고 '관록'인 줄 모르고! 하마터면 이혼으로 치달을 뻔한 관점의 차이!

■ 은퇴한 어르신들이 모여 사는 마을에 우편배달 서비스가 없다니? 그것 참 잘했군! 아니 이런. 불효막심한 정책을 정작 주민어르신들은 고맙고 뿌듯하게 여기신단다. Carmel이라고 하는 미국 서부 해안의 작고 아름다운 마을 이야기다. 클린트 이스트우드라는 배우가 그곳 시장이 되어 더욱 유명해

진 이 마을이 우편배달서비스를 없앤 이유가 따로 있다. 주민들의 주민건강을 위해서! '자동차의 나라'답게 일찌감치 걷기와 인연을 끊은 사람들이 많은 미국. 특히 노년에 들수록 웬만해선 걸을 일이 없다. 그래서 그랬던 거였군! 우편배달 서비스를 없애, 우편물을 붙이거나 받아갈 때라도 시내로 걸어 나오시라는 속 깊은 배려였다. 덕분에 주민들은 삼삼오오 우체국 트레킹(?)을 함께 하면서 건강과 친목을 일타쌍피로 도모하고 있단다. 이쯤 되니 불효 막심했던 정책이 요순시절 정책으로 보이기 시작한다. 이 또한 관점 차이!

#

"이제야 말이 통하네!" 그제야 상대가 자신의 입장을 이해하기 시작했다는 말이다. 이런 과정이 쌍방에서 일어나야 서로 다른 마음이 차이를 넘어 비로소 소통에 이른다. 차이와 소통 사이에 있는 것. 소통과 불통 사이의 있는 것. 바로 관점에 대한 성찰과 전환이다. 그 방법론이 바로 질문questioning이다. 질문! 내가 이 사람과 대화를 하려는 진정한 의도는 무엇인가? 나는 상대를 어떻게 바라보는가? 상대의 생각은 무엇인가? 그가 느끼는 감정은 어떤가? 관점의 성찰과 전환은 질문 즉 물음표를 붙이는 것에서 시작한다. 그런데 이런 질문. 알고 있다는 마음으로는 할 수 없다. 알고 싶다는 마음 없이는 할 수 없다. 무엇보다 당연한 것이 많은 곳에서는 물음표를 붙이는 게 맘처럼 쉽지 않다. 너무나 당연하니까! 마땅히 그래야 하니까! 절대로 그러면 안 되는 거니까! 이름하여 '슈디즘SHOULDism'[3] '절대 도리'쯤으로 불릴 만한 이 딱딱하고 가차 없는 마음 앞에서는 관점 전환이고 뭐고 없다. 그 절대적 기준이 전환할 이유도 의지도 없게 만들기 때문이다. 그리고 그 절대적인 마음의 매뉴얼에 우리는 곧잘 마음을 빼앗기곤 한다. 안전하고 확실하기 때문이다. 나를 상대로부터 옳은 존재로 혹은 우월한 존재로 만들어주기 때문이다. '슈디즘'은 우리의 대화 속에서 '마땅히', '당연히', '절대로', '반드시', '누구라도', '원래', '상식적으로'와 같은 말로 그 존재를 드러낸다. 다른 것은 인정할 수도 없고 인정하지도 않겠다는 단호함이 묻어난다. '그래야만 한다'는 단호한 기준은 종종 아니 대개 '그러했으면'하는 기대를 '그러하겠지'라는 지레짐작으로 바꾸어 놓는다. 당연히 내 맘 같으려니… 하는 그 마음! 세상 어디 사는 누구에게나 조금씩은 그런 구석이 있기 마련이다. 하지만 그런 구석이 유독 우리에게는 좀 많다. 〈국경 없는 기자회Reporters Without Borders〉가 '세계에서 가장 반대의견을 수용하지 못하는 사회'로 러시아 이집트와 함께 한국을 꼽을 만큼.[4]

\#

너무나 이상적이기에 다른 기준은 절!대!로! 있을 수 없다고 여기는 그 모습은 마치 유토피아를 꿈꾸는 것과 같다. utopia 그 단어를 들여다보면 '이 세상 어디에도 없다'는 뜻이 담겨 있다. 비현실적이라는 거다. 절대적인 마음의 매뉴얼로 삼는 '슈디즘'은 현실의 주인공인 나도 아닌 너도 아닌 관계의 저 바깥에 있는 천상의 기준이다. 그 비현실적인 기준은 거기로부터 네가 떨어져 있는 만큼 비난하고 내가 떨어져 있는 만큼 자책하게 만든다. 현실의 나를 있는 그대로, 눈앞의 너를 있는 그대로 인정하고 존중하지 못하게 만드는 주범이기도 하다. 이쯤 되면 커뮤니케이션의 용도도 변경된다. 마침내 서로의 마음에 닿기to connect가 아닌, 그 기준에 맞춰 뜯어고치기to correct 위한 걸로. 그럴 때 대화는 종종 '기' 싸움으로 전락한다. 서로 다른 '기준'과 '기대'의 승자가 되기 위한 보이지 않는 신경전. 옳은 건 나고 틀린 건 너라는 걸 일깨워주기 위해, 혹은 한 수 위인 건 나고 한 수 아래는 너라는 걸 입증하기 위해 때로는 노골적으로 때로는 교묘하게 총력을 기울인다. 비난하고 무시하고 경멸하고 방어하는 불통의 대화 속에서 벌어지는 관계에서의 광기어린 전쟁![5]

그러는 사이, 우리는 모두 마음을 다치기 일쑤다. 지면 지는 대로 내가 부정당하는 것 같아 속상하고 이기면 이긴 대로 상대의 마음이 멀어지거나 돌아선 게 느껴져서 속상하다. "통즉불통通即不痛 불통즉통不通即痛". 동의보감에 나온다는 이 말은 몸에만 들어맞는 말이 아니다. 서로 다른 마음이 차이를 넘어 소통하면 마음 상할 일이 없고, 차이를 인정하지 못해 끝내 불통하면 마음이 상한다.

> "당신이 가장 두려워하는 것을 찾아라. 진정한 성장은 그 순간부터 시작된다."
>
> — 칼 융C.G. Jung[6]

속상한 줄 뻔히 알면서도 우리는 여전히 그런 대화를 계속하고 있다. 이유가 뭘까? 혹시 경쟁의 패러다임이 주입한 두려움 아닐는지? 너 아니면 나 둘 중의 하나만 살아남을 수 있다는 공포의 생존방식이 결국 '나와 다른 너'를 인정하지도 존중하지도 못하게 하는 것은 아닐까? 나와 다른 상대를 있는 그대로 인정하다 보면 내가 없어질까 봐 내가 아닐까 봐…. 존재의 통폐합M&A

를 당할지도 모른다는 두려움이 차라리 상대를 내 맘 같게 고치려드는 광기로 표현된 것은 아닐까. 내 맘 같이 되지 않아 분노로 드러나는 것은 아닐까. 우리의 마음이라는 것은 억울할 때도 화를 내지만 미안하거나 두려울 때도 화를 내지 않던가.[7] 상대를 있는 그대로 인정하고 존중하지 못하고 내 관점을 고집하고 강요하는 진짜 이유는 그러니까 두려움일지도 모른다. 자신을 있는 그대로 드러내고 상대를 있는 그대로 들여다본다는 것은 바로 그 두려움을 넘어서야만 비로소 가능하다. 어떻게 하면 그 두려움을 넘어설 수 있을까?

■ 가능성 1.
두려움보다 소통에 대한 의지가 더 절실할 때 우리는 그 두려움을 넘어설 마음을 먹는다. 용기courage다.

■ 가능성 2.
그것이 '경쟁을 통한 생존'의 시대가 만들어낸 신화라는 걸 깨닫는 것이다. 근본적인 성찰awareness이다.

지금을 일컬어 'Me-to-We 시대'라고 한다. 내가 아닌 우리가 되어야 하는 시대. 여기저기서 '협력을 통한 공존'을 말한다. 서로 다른 관점과 능력을 가진 이들이 우리가 되어 새로운 가능성 더 큰 가능성을 창조하는 세상을 말한다. 하지만 그 말이 공염불이 되지 않으려면 무엇보다 먼저 관점의 성찰과 전환부터! 차이를 불화의 원인으로 바라보는 한 변화는 두렵고 진정한 우리는 기대하기 어렵기 때문이다. 익숙한 마음의 습관에 물음표를 붙이고 성숙한 마음의 태도로 서로를 대할 때 비로소 '우리' 사이에는 소통의 강이 흐르기 시작하리니! 마치 김춘수의 시 '꽃' 같은 칼 로저스의 고백을 읽고 다시 꿈꾼다. 소통의 강이 흐르는 그런 사이를.

(있는 그대로)

인정받고 존중받을 때

나는 꽃처럼 피어납니다.

커집니다.[8]

Acknowledgement and thanks

덕분입니다

목표는 관계에서의 행복한 변화, 전략은 관점 전환과 질문!

커뮤니케이션 안에서 지금까지 제가 해 온 일이고 앞으로도 계속 하고 싶은 일입니다. 그런데 뜬금없이 영어라니? 사실 이 책의 내용을 준비하게 된 계기가 있었습니다. 지금으로부터 4년 전. 한 친구가 영어와 인연도 없고 연고도 없이 딸과 단둘이 미국이민을 작정한 겁니다. 워낙 지혜롭고 용감한 친구인줄 알기에 별 걱정은 하지 않았지만 뭔가 유용한 선물을 하고 싶었습니다. 그래서 생각해낸 것이 지금까지 계속해오고 있는 〈영어┼수다班〉입니다. 알음알음 주위에서 모여든 분들과 함께, 영어에 대한 정보와 '관점전환을 통한 소통'의 지혜를 비벼내고 나누는 자리입니다. 대개는 영어에 대한 기대로 찾아왔다가 관계에 대한 기회를 엿보게 되는 눈치입니다. 더불어 관점 전환의 재미와 의미까지! 본래 의도가 제대로 통한 것 같아 다행입니다. 덕분에 이렇게 책으로 엮을 마음도 낼 수 있었습니다. 그러니, 우선 감사드려야 할 분들은 바로 그 친구와 〈영억수다班〉! 고맙습니다.

Hayley, Eunice, Jamie에게는 특별한 고마움을 표합니다. 어떤 감사의 말도 부족할 만큼 따뜻하고 유용한 도움을 준 친구들입니다. 초고를 읽고 생각을 정리해준 유정. 지희. 미영. 지영. 원고를 정리해준 지연도 빠뜨릴 수 없는 이름입니다. 그 뿐인가요. 문제의식만 높을 뿐 이 책을 쓰기에는 턱없이 부족한 영어체험을 채워준 또 다른 이들이 일일이 이름을 거론할 수 없을 정도로 참 많았습니다. 모두가 이 책의 공저자들입니다. 그 가운데 특히, 전생에 한국인이었을 게 분명한 시애틀에 사는 Cindy Onni! Thank you all guys so much for your practical helps and moral supports. Especially, Cindy Onni! Without you, how could I complete this book? You tried to put heart into it whenever it was fizzling out. I can't find the words to express my deep gratitude to you enough. From the bottom of my heart, THANK YOU, Cindy onni. 이 책이 제 역할을 한다면 그분들 덕분입니다. 물론 부족한 부분도 많고 헛짚은 부분들도 있겠지요. 그것은 말할 것도 없이 전적으로 제 모자란 깜냥 탓입니다. 혹시 더하거나 고치거나 알려주실 내용이 있다면 언제든 제 이메일 nolikemind@gmail.com으로 나눠주시겠어요? 기다리고 있겠습니다. 고맙습니다.

주석

PROLOGUE

1. 미리엄 웹스터 사전

2. 키타야마 오사무 〈정서와 언어〉 [정신분석] 제11권 2호. 2000

3. 표준국어대사전

4. 로만 야콥슨은 언어의 차이가 '전달할 수 있는 부분'이 아니라 '전달해야 하는 부분' 때문이라고 주장한다. 기도이치 《그곳은 소, 와인, 바다가 모두 빨갛다》

5. KBS스페셜. 2011.12.18. 방영

Part1. 본질로 정의되는 언어 vs. 형상으로 정의되는 언어

1. http://travel.cnn.com/seoul/life/50-reasons-why-seoul-worlds-greatest-city-534720?page=0,4

2. KBS 〈스펀지〉

3. 《그곳은 소, 와인, 바다가 모두 빨갛다》 21세기북스 32쪽

Part2. 집단으로 살아가는 언어 vs. 개인으로 살아가는 언어

1. Culture Clash a Constant Struggle for Foreigners in Korea, 조선일보 온라인 영문판 2009.9.16.일자 기사

2. www.irs.gov/.../Immigration-Terms-and-Definitions / www.inter-disciplinary.net

3. 문화관광부 고시 제2000-8호, 2000. 7.7.

Part2+α. 도대체 Personal Space가 뭐길래

1. http://www.examiner.com/article/hints-on-how-to-teach-your-tot-table-manners

2. http://www.newsweek.com/when-barry-became-barack-84255

Part3. 에둘러 다가가는 언어 vs. 곧바로 다가가는 언어

1. missyusa.com
2. Kaplan, Robert. (1966) Cultural Thought Patterns in Inter-Cultural Education. Language Learning 16 참조 변용

Part5. 수직으로 바라보는 언어 vs. 수평으로 바라보는 언어

1. http://blog.hani.co.kr/dcsaram/
2. http://www.learnenglish.de/culture/marriage.html

Part6. 침묵으로 대화하는 언어 vs. 소리내어 대화하는 언어

1. 2011.12.12. 조선일보
2. http://www.psychiatry.org/mental-health/people/asian-americans
3. 페이스북용 이모티콘 사용 설명서. 타이틀 아래 키보드 버전의 이모티콘에 주목! http://thenextweb.com/shareables/2013/03/18/facebook-emoticons/
4. 잠언 17:28

Part7. 여기는 공동소통구역!

1. Amanda Onion 〈Psychologists Say 'Um' and 'Uh' Have Meaning〉 June 6 2007@abc news.
2. http://presentationexpressions.com/featured-pro-carl-pullein-the-pyeong-chang-olympic-presentations-what-we-can-learn
3. 《그곳은 소 와인 바다가 모두 빨갛다》 기도이치, p220 재인용

보너스. 두런두런 영어 뒷담화

1. http://englishcocoon.blogspot.kr/2012/10/blog-post.html
2. http://www.forbes.com/sites/susanadams/2012/03/26/what-your-resume-is-up-against/

3. www.forvo.com 혹은 inogolo.com은 고유명사의 현지 발음을 알려주는 유용한 사이트이다.

4. 파리 동양언어대학의 한국어과 교수 Stephane Couralet 교수가 논객닷컴의 〈프랑스인이 본 한류〉 컬럼에서 언급한 내용을 참고했다. www.nongaek.com

5. v자 얼굴 s자 몸매 - 프랑스인이 본 한국9 www.nongaek.com Danny J. Chae의 블로그

6. http://global.britannica.com/EBchecked/topic/284675/inch

EPILOGUE

1. 히라노 게이치로가 이미도와의 인터뷰에서 한 말. 문화일보. 〈이미도의 인생을 바꾼 명대사〉의 2010.2.17.

2. 구라야마 시게히사 〈몸의 노래〉

3. 독일 심리학자 펄스Friedrich Salomon Perls가 만든 말. 현실이 아닌 이상향을 기준으로 삼는 태도를 이른다.

4. 〈뉴욕타임즈〉 2012. 8.12

5. 칼 로저스 《사람중심상담》

6. 로버트 존슨 〈당신의 그림자가 울고 있다〉 재인용

7. 화 혹은 분노는, 두려움과 우울감과 함께 인간의 오래된 생존감정세트라고 한다. 즉 두려움은 위험한 상황에 직면했을 때 거기서 빠져나올 수 있도록 하는 감정기제이고 도피할 수 없을 때는 분노로 공격적 방어기제를 증폭시키는 역할을 한다는 것이다. 한편, 오늘날 부정적으로만 다루어지는 우울감 역시 효과적인 생존감정이라는 주장이 이채롭다. 즉 겨울철과 같은 어려운 시기에는 우울감 덕분에(!) 에너지나 자원 소비를 최소화할 수 있다는 것이다. Manuel Smith 〈When I Say No, I Feel Guilty〉 p9-11

8. 칼 로저스, 앞의 책, 42쪽

참고 문헌

책방에서 구한 참고 문헌

《생각의 지도》 리처드 니스벳, 최인철 옮김, 김영사 2011
《동과 서》 ebs 동과 서 제작팀·김명진, 지식채널 2012
《생각에 관한 생각》 대니얼 카너먼, 이진원 옮김, 김영사 2012
《지식e 시리즈》 ebs지식채널e 지음, 북하우스 2007, 2008
《우리 문화의 수수께끼. 1》 주강현, 한겨레신문사 2011
《한국인의 문화유전자》 한국국학진흥원 편저, 아모르문디 2012
《관계의 본심》 클리포드 니스·코리나 옌, 방영호 옮김, 푸른 숲, 2011
《끌리고 쏠리고 들끓다》 클레이 서키, 송연석 옮김, 갤리온 2008
《SQ 사회지능》 대니얼 골먼, 장석훈 옮김, 웅진지식하우스 2006
《노자의 도덕경》 최태웅 옮김, 새벽이슬 2009
《장자》 안동림 역주, 현암사 1993
《오주석의 한국의 미 특강》 오주석 지음, 솔 2003
《현대물리학과 동양사상》 프리초프 카프라, 이성범·김용정 옮김, 범양사 2006
《사람-중심 상담》 칼 로저스, 오제은 옮김, 학지사 2007
《또 다른 세계화》 도미니크 볼통, 김주노 옮김, 살림 2012
《불통의 시대 소통을 읽다》 도미니크 볼통, 김주노·원용옥 옮김, 살림
《몸의 노래》 구리야마 시게히사, 정우진·권상옥 옮김, 이음 2013
《상대적이고 절대적인 지식의 백과사전》 베르나르 베르베르, 이세욱 옮김, 열린책들 1996
《포용의 리더십》 아담 카헤인, 강혜정 옮김, 에이지21 2010
《이것은 질문입니까?》 존 판던, 유영훈 옮김, RHK 2009
《말하기의 다른 방법》 존 버거·장 모르, 이희재 옮김, 눈빛 1995
《제7의 인간》 존 버거·장 모르, 차미례 옮김, 눈빛 1996
《글로벌 시대의 문화번역》 김현미, 또 하나의 문화 2006
《크로스 컬처》 박준형, 바이북스 2010
《컬처 코드》 클로테르 라파이유, 김상철 옮김, 리더스북 2007

《그늘에 대하여》다니자키 준이치로, 고운기 옮김, 눌와 2005

《두려움과의 대화》톰 세디악, 추미란 옮김, 샨티 2014

《상상목공소》김진송, 문학동네 2011

《정신의 진보를 위하여》달라이라마·스테판 에셀, 임희근 옮김, 돌베개 2012

《언어본능》스티븐 핑커, 김한영·문미선·신효식 옮김, 동녘 사이언스 2012

《그곳은 소, 와인, 바다가 모두 빨갛다》기도이처, 윤영삼 옮김, 21세기북스 2011

《잠들면 안 돼, 거기 뱀이 있어》다니엘 에버렛 , 윤영삼 옮김, 꾸리에 2010

《기호의 제국》롤랑바르트, 김주환·한은경 옮김, 민음사, 1997

《말과 사물》미쉘 푸코, 이광래 옮김, 민음사 1989

《수사학》김현 편, 문학과 지성사 2000

《말들의 풍경》고종석, 개마고원 2007

《국어실력이 밥 먹여준다》김경원·김철호 , 유토피아 2006

《재미나는 우리말 도사리》장승욱, 하늘연못 2004

《우리말에 대한 예의》이진원, 서해문집 2005

《한국사회와 언어사회학》이병혁, 나남 1993

《발칙한 영어산책》빌 브라이슨, 정경옥 옮김, 살림 2009

《한국인이 가장 오해하기 쉬운 현지영어표현》최정화, 원타임즈 2003

《영어회화 비법과 금기》일본경제신문사 편, 제이플러스, 2005

《これを英語で言いたかった!》Lance A. Lintner, 朝日出版社 1996

《犬も·けば英語にあたる》坂之上洋子, 英治出版 2003

《101 Relationship Myth》Tim Ray, Findhorn 2012

《Culture, Language, and Society》Ward Goodenough, the Benjamin/Cummings 1981

《Should》Rebecca Smith, TwoTurtles Media 2010

《THIS MEANS THIS, THIS MEANS THAT》 Sean Hall, Laurence King 2007

《When I say no, I feel quilty》Manuel J. Smith, Bantam Books 1975

《Native American Wisdom》Photos by Edward Curtis, Running Press 1994

《Power Questions》Andrew Sobel·Jerold Panas , Wiley 2012

인터넷에서 구한 참고 문헌

《영어의 경제학》 전효찬·최호상, CEO information 578호, 삼상경제 연구소 2006

《한영간 의인화의 차이》 이영옥, 〈언어연구〉 제25권 제1호, 2008

《What about south Korea》 The Hofstede Centre @geert-hofstede.com

《English Next》 David Graddol, British Council 2006

《Caregiver input in English and Korean: use of nouns and verbs in book-reading and toy-play contexts》 Soonja Choi, 〈Journal of Child Language〉 Vol. 27, Issue 01 / February 2000

《Affect and Language:East and West》 Osamu Kitayama, 이무석·기혜영 옮김, 精神分析：第 11 卷 第 2 號 2 0 0 0

《CULTURAL THOUGHT PATTERNS IN INTER-CULTURAL EDUCATION》 Robert B. Kaplan, Language Learning 1966

《The Horizontal/Vertical Distinction in Cross》 Cultural Consumer Research - Sharon Shavitt·Ashok K. Lalwani ·Jing Zhang· Carlos J. Torelli 〈JOURNAL OF CONSUMER PSYCHOLOGY〉 16 (4) 2006

《Cross-cultural Communication and English as an International Language》 Yasukata Yano, Intercultural Communication Studies XV-3 2006

《THE CULTURAL INTERFACE: THE ROLE OF SELF》 SATINDER GILL,C. Ess and F. Sudweeks (eds). Proceedings Cultural Attitudes

《Towards Communication and Technology '98, University of Sydney, Australia, English as a global language》 David Crystal, Cambridge Univ. Press 2003

《Intercultural Communication》 siteresources.worldbank.org

《helpsheet: INTERCULTURAL COMMUNICATION 1》 Univ. Melbourne 2010.

《A Cross-cultural Study of Daily

《Communication between Chinese and American》 From the Perspective of High Context and Low Context

Jianeng Wang, Asian Social Science Vol 4, No 10, Oct 2008

Cultural Taboos and Native English Teachers in S.Korean Public Schools. @ kimchiicecream.wordpress.com

《6 Barriers to Inter-cultural communication》 Karen Farnen @ www.e-how.com

《The Power of Words》 Bernie Siegel, MD @ www.berniesiegelmd.com

《Cross Cultural Communication A Foreign Language Perspective》 Dr. Martin Cortazzi, 〈Science〉 Issue 15, 1996, @ www.fountainmagazine.com

《Japanese Companies in Germany: A Case Study in Cross》 Cultural Management JAMES R. LINCOLN·HAROLD R. KERBO·ELKE WITT'ENHAGEN, 1995 – digitalcommons.calpoly.edu

《THE DEVIL'S DICTIONARY》 AMBROSE BIERCE, free e-book

내 맘 같지 않은
영어로 들여다본 소통의 맨 얼굴

초판 1쇄 인쇄 2014년 10월 1일
초판 1쇄 발행 2014년 10월 5일

지은이 전해자
펴낸이 윤주용

펴낸곳 초록비책공방
출판등록 2013년 4월 25일 제2013-000130
주소 서울시 마포구 성미산로 5길 23
전화 0505-566-5522 팩스 02-6008-1777
메일 jooyongy@daum.net

ISBN 979-11-951742-5-6   03330

＊ 정가는 책 뒤표지에 있습니다.